室温を2度上げると
健康寿命は4歳のびる

笹井恵里子

光文社新書

はじめに

　この原稿を執筆している２０２０年４月現在、新型コロナウイルス感染症への緊急事態宣言が出され、多くの人が外出自粛を余儀なくされています。

　合言葉は「ＳＴＡＹ ＨＯＭＥ」（家で過ごそう）。各家庭にそれぞれの事情がある中で、どれほどの人が〝楽しく〟家にいることができるのだろうと思います。

　家にいたってつまらない――。

　もしそう思う人がいるなら、私も大いに共感します。書く仕事をしていると家で一人で過ごすほうが好きだと思われがちなのですが、私は取材に出かけたり、誰かと外で食事をしたりして新しい世界に触れるほうが楽しいです。けれども、家にいることは「不快」ではありません。ここが重要なのですが、体にとって快適な状態に室内を整えることが、あなたの「心身の健康」に結びつきます。

ＷＨＯ（世界保健機関）は２０１８年11月、「冬の室内温度として18度以上」を強く勧告しました。新型コロナウイルスの対応では批判されることも多かったＷＨＯですが、少なくとも2年前に国際機関が健康の観点から住宅に言及したことは画期的なニュースでした。

考えてみれば私たちは一日の大半、つまるところ人生のほとんどを〝室内〟で過ごしているわけですから、室内環境が体に影響を与えるのは当たり前ともいえますね。さまざまな研究結果から、健康を守る家とは「室温」「湿度」が最も重要で、そのほか「光」「空気の質」「室内の色」なども関係することがわかっています。

本書を代表する研究を紹介しましょう。慶應義塾大学伊香賀俊治教授らが大阪府の千里ニュータウンで80世帯を対象に、「脱衣所の室温と要介護の関係」を調査しました。その結果、脱衣所の平均室温が「12度の寒冷群」と比べて、「14度の温暖群」は健康寿命が4歳延伸していたのです。たった2度の違いがそれほどまでに体に影響することに、私は大きな衝撃を受け、同時に「住宅と健康」の世界に強く惹《ひ》きつけられました。

寿命を終えるまでに男性は9年、女性は13年の自立できない「要介護」の期間があるとされます。伊香賀教授は「今よりも2度、暖かい家に住むことで、その期間が4年短くなる。つまり男性なら要介護の期間が9年から5年、女性なら13年から9年に短くなると考えてください」と解説します。

しかし残念なことに、日本ではほとんどの人が、冬の室内温度を18度以上に保てていないことが国土交通省の調べでわかっています。これは日本の建築基準に原因があります。２０１６年以前に建てられた家に居住する人の大半は、対策もなしに冬場に室温18度以上を保つことは難しいでしょう。

それでは今あなたが住んでいる家を、いかにして「健康を守る家」「健康寿命を延ばす家」にしていくか。

本書は日本の２０５０年の姿といわれる〝高齢化率40%〟、高知県梼原《ゆすはら》町で暮らす人々の暮らしぶりのレポートからスタートします。当初は寒い家に暮らしていた町の方々ですが、伊香賀俊治教授や、東京都立大学名誉教授の星旦二医師らの長年の働きかけにより、少しずつ「健康的な住宅」を追求していくようになりました。町の方の家に対する意識とともに、「脳神経と室温」の驚きの関係も紹介しましょう。

続く第2章では、住居の中でも最も信頼性の高いデータが集まる「冬の室温と健康」の関係を紹介します。少し部屋を暖かくするだけで体にどのようなよい影響があるか。反対に寒いとどれほど負の影響があるのか。特に「睡眠」に悩んでいる人は必見です。科学的データの集積を、ぜひ多くの人に知ってほしいと思っています。

そして暖かい家を作るベストな方法は「断熱」をすること。第3章では断熱住宅について詳しく紹介します。そうはいっても、新築住宅を建てる予定はないし、大改装の費用もないという人のために、「どうすれば部屋が暖かくなるか？」、そのノウハウも集めました。

第4章では、夏の室温の下げ方について解説します。住宅ごとに「熱中症に陥《おちい》りやすい時間帯」も変わってきますし、「暑さの感度」も年代によって異なるのです。注意すべきポイントを押さえると、今よりも快適に過ごせるでしょう。梅雨から夏にかけて出没しやすいカビ、危険なカビとそうでないカビとの見分け方も紹介します。さらに洗剤や薬品に頼らない、人にも住まいにも優しい掃除の仕方もお伝えしたいと思います。

そして第5章では、「仕事や勉強をする場」にフォーカスします。室温はもちろん、空気の質や色、光の浴び方などによって、仕事や学習のパフォーマンスは変わるのです。自宅だけでなくオフィスでも、また大人だけでなく子どもたちの学習環境も含めて見直すきっかけになればと願っています。仕事は「覚醒が求められるシーン」であり、この環境を整えられると自然とメリハリのある生活になって、健康につながるでしょう。

全章を通し、随所に「クイズ」を設けました。私自身が取材を進める上で驚いたことを「クイズ」にすることで、より記憶に残りやすい形でみなさんに紹介したいと思ったのです。実は私自身、長年賃貸住宅に住み、もともとは「住居」というものに全くといっていいほど興味がありませんでした。代わりに自分自身が追求してきたのは医療、すなわち人の体です。個人的な話になりますが、私の母は人一倍健康に気を遣《つか》っていたものの、24歳という若さでがんのため亡くなりました。そのため、「自分の体を大事にする人、気遣う人だけが、必ずしも健康でいられるわけではない」という思いが根底にあります。けれども同時に、偏《かたよ》りのない正しい知識があれば、より病気になるリスクを下げることができる、とも考えています。

感染症が恐れられた今年は、健康に注目が集まりました。食事、運動、服薬、免疫力——健康を守るフレーズはいろいろありますが、「住宅環境を整える」ことはそれらと同等以上の効果を発揮します。薬のような副作用の危険性がない上、効果を数値で表すことができる、科学的な「健康法」です。通常の医療健康記事と並行して、４年前から住居と健康をテーマに取材を重ねてきた私は、誰よりも多く、専門家の知見やエビデンス（科学的根拠）に触れてきた自負があります。

本書ではたくさんの「確かな研究結果」をわかりやすく、使いやすく紹介します。あなたや大切な人の心身を守るための知恵や手段としてぜひ活用してください。

室温を２度上げると健康寿命は４歳のびる

目次

第3章　暖かい家にするために今日からできること　65

第5章　仕事と勉強がはかどる空間を作る　147

本文写真／笹井恵里子
本文デザイン／宮城谷彰浩（キンダイ）
図表作成／デザインプレイス・デマンド

第1章

ルポ・「室温」で高齢者の健康を守る町

高齢化が進む高知県梼原町松原地区

ほとんどの部屋が室温 17 度以上に保たれる梼原町のモデル住宅

Q1

室温が5度違うと、脳神経は何歳若くなるでしょうか?

❶ 1歳
❷ 3歳
❸ 5歳
❹ 7歳
❺ 10歳

寒い家に住む人は、脳神経の質が低下する

室温は、脳の若さに影響を与える――。

そう知ったら、とても驚くのではないでしょうか。

慶應義塾大学の伊香賀俊治教授率いる研究チームが40代から80代までの約１５０人の脳を特殊なＭＲＩで調べると、「寒い家に住む人」は「暖かい家に住む人」と比べて、脳神経の質が低下する傾向にあったのです。

伊香賀教授と、星旦二医師らは、２００２年から高知県梼原《ゆすはら》町で全町民のおよそ3分の１を対象に、「住まいと健康」に関する大規模疫学調査を行ってきました。なぜ梼原町なのかというと、この町では高齢者が40％以上を占め、〝日本の２０５０年の姿〟とされているためです。国土交通省は梼原町の調査で得られた成果を、これから高齢化を迎えようとする都市部を含めた全国へ応用したいと考えました。

調査の結果、驚くべき事実が次々と明らかになりました。

たとえば高血圧発病確率。夜中の０時の時点で居間の室温を18度以上に保てていた人の高血圧発病確率に対して、18度未満の家に住む人は高血圧を６・７倍も発症しやすいという結

果でした。発病確率ではなく死亡確率でみると、夜間室温が９度未満の室内環境で生活している人は、９度以上の室内環境で生活している人よりも４年間に循環器疾患で死亡するリスクが４・３倍高くなることがわかりました。これらの研究は年齢や性別、職業、喫煙、飲酒、食事の味付けなどはすべて調整してあります。つまり簡単にいうと「室温」のみで、ここまでの差が出てしまうということです。

高知県と聞くと、南国土佐の暖かいイメージがありますが、梼原町は標高２２０～１４５５メートルの急峻《きゅうしゅん》な地形で、同じ町内でも気候の差があるものの、全体的には冬場寒くなる町です。その上、高齢化率も世界トップクラスなのですが、町民の健康状態は上向きになっているとのこと。「調査を始めた当初より寿命が延びている。住まいの効果が出てきていると思う」と星旦二医師も補足します。

本書の「はじめに」で、梼原町の方たちが少しずつ「健康的な住宅」を追求していくようになったと書きましたが、いったい何が起きているのでしょうか。

その暮らしぶりを見るために、２０１９年冬に取材に出かけました。

まずは部屋に室温計を置く

「年を取るとともに寒いとなったら工夫をしないと。これぐらいは我慢できる、という気持ちはダメ。24時間のうちの半分以上は家で生活していて、人生１００年なら50年以上は家の中という計算。健康を守るのに家ほど大事なものはない」

梼原町の中心部から車で40分ほどの山間部にある松原地区に住む、82歳の下元廣幸さんはそう言い、「松原地区では80代前半の私も若いほうに入る」と笑います。60代はまだまだ〝若造〟というほど、梼原中心部よりも松原地区では高齢化が進んでいます。

下元さんの家は築24年と、それほど新しくはないのですが、窓を複層ガラスにしているため、室内にお邪魔すると、鋭い寒さは感じませんでした。お会いした時は夜で、外気温は7度でしたが、下元さんの家の玄関先は20度近くまであったのです。

後ほど詳しく解説しますが、室内を暖かくするポイントは「窓」にあります。冬場は窓からおよそ60%の熱が逃げます。そのため、通常の窓に内窓をプラスしたり、複層ガラスの性能のいい窓に交換したりすると、暖房の効きがよくなって室内の寒さが和《やわ》らぐのです。

私が梼原町に行き、一番驚いたことは、どの家にも複数個の室温計が置いてあることです。

みなさんの家にはありますか。今、この本を読んでいる部屋の室温は何度でしょうか。ぜひ一室に1個、室温計を置き、今何度なのか、常にチェックしてください。だんだん肌感覚で〝健康にいい室温〟がわかるようになってきます。

「着込まない」ことが脳の健康につながる

町の中心部に14年前、美容室兼自宅を新築した戸梶圧美さん宅は、暖房なしでも室内が均一の温度に保たれていました。自宅と美容室がひと続きの構造で、美容室は比較的日当たりがよく、自宅はあまり日が入らないのですが、室温計はどの位置でも18度以上を示していました。戸梶さんは「今の家は最高。健康には食事も運動もだけど、環境も大事よね」と繰り返し言います。

「前の美容室では暖房をなんぼ入れても、お客さんから足元が寒い寒いって言われていたんです。でも今はお店も自宅も、誰からも寒いとは言われません。真冬でなければ暖房がいらないぐらい暖かい。だから私もたくさん着込みません。外が雪でも、部屋着のワンピース1枚でいられる。羽織っても1枚です」

この「着込まない」ということが、居住者の室内における活発性を増し、筋肉量の維持、脳への健康につながることがわかっています。長年梼原町の脳ドックを解析している内田脳神経外科の内田泰史医師は「暖かい家にいることで背筋が伸び、動きやすい姿勢になる。よく動くことで筋力が鍛えられ、活動することで脳の前頭前野の部分が活発になる」と説明してくれました。脳の前頭前野とは、人の意欲の根源である場所。認知症初期には「物忘れ」が増えますが、これは前頭前野の働きが悪くなることから始まるのです。楽しみでやっていたこと、趣味などに興味がわかなくなるのが、脳の衰《おとろ》えの一歩というわけですね。

　戸梶さんは71歳ということですが、少なくとも10歳以上若く見えました。内田泰史医師によると「見た目」と「脳の若さ」も関係あるそうです。暖かい家に住む↓体が動きやすい↓動くことで脳が刺激を受け、さらに活動の意欲がわく↓脳神経が若くなる、というよい循環なのでしょう。

　実際に伊香賀俊治教授の脳検査では、戸梶さんの血管年齢は50代だったといいますから驚きです。2年前と現在で「脳の状態」を比較する検査でも、戸梶さんを含む「暖かい家」に住むグループは、高齢にもかかわらず、脳機能が2年前と同等に維持されていました。一方、「寒い家」に住むグループは、たった2年で脳の機能低下が認められていたのです。

　前の家とほぼ同じ場所に建つ戸梶さん宅ですが、質のいい断熱材を使用しているため、現在の美容室や住居はかつてより圧倒的に保温性に優れているというのです。

断熱とは、冬は外に逃げていく熱を、夏は内側へ入ってくる熱を断つこと。壁や床などに熱を通しにくい素材の断熱材を詰める手法で、その「質と厚み」により住宅の断熱レベルが変わります。断熱が貧弱だと、冬は室内から外へと大量に熱が逃げてしまうんですね。

一方で、昨年末に新築住宅を建てたという大﨑和江さんは「私は脳年齢の結果が悪かった」と肩を落としていました。最新性能の住宅で暮らし、どんなに検査結果がいいだろうと期待していたのに、実年齢を上回っていたそうです。

星旦二医師は「住まいを暖かくする対策をしても、それが数値として表れるには５～10年かかる」とみています。

「ですが、風邪をひかなくなったり、よく眠れるようになるなど、すぐに効果を感じることもあるはず。最新住宅ではアレルギー症状が治まったり、血圧も安定するでしょう」

その通り、梼原町内で断熱改修工事をした人には頭痛や肩こりが改善したという声がありました。大﨑さんも〝熟睡感〟が違うと話します。

「古い家に住んでいた時、主人は不眠に悩んだ時期があったんです。今は二人ともあっという間に眠りにつきますよ。以前はお風呂から出ると寒くて早く洋服を着なきゃと思いましたが、今は脱衣所でもゆったり身支度ができる。窓も結露しなくなったし、家にいることが快適になりました」

寒い家は暖かい家の1・6倍、頻尿になる

そして私も梼原町で、室内の暖かさと深い睡眠を実感しました。梼原町には国土交通省から支援を受け、伊香賀俊治教授監修のもとに健康と環境を考えて建設された体験型モデル住宅が2棟あります。断熱性に優れ、家の中のほとんどが17度以上に保たれているという一戸建てのモデル住宅に宿泊すると、東京都内の自宅マンションとは全く違う安らぎ感がありました。

11月のある日の21時すぎ、梼原町の外気温は7・5度で、手がかじかむほどでした。でもモデル住宅に一歩足を踏み入れると、ふわっと木の香りが漂《ただよ》い、暖かい空気に包まれるのです。暖房はついていませんでしたが、室温計は18度近くを示していました。家の中のすべてが均一の温度空間を体感すると、普段の自分が無意識に廊下、トイレ、風呂などで「寒いはず」と身構えているのがわかります。初めて訪れる家なのに心身が緩む、不思議な感覚でした。

そして普段の私は眠りについてから3、4時間すると目が覚めてしまい、トイレに行くことが多いのですが、このモデル住宅では朝まで一度も起きることがなかったのです。

暑いと眠れないのは何となく理解できますが、寒い環境でも眠りが浅くなるのはなぜでしょうか。

伊香賀俊治教授は「布団の中が暖かくても、頭や肩は露出していますし、吸い込む空気も冷たい。体が冷えてしまい、尿意を催《もよお》すのではないか」と指摘します。就寝前の居間の室温が18度の群を1とすると、12度未満の家では1・6倍、過活動膀胱（頻尿）の症状が多く出ていることも、それを裏付けます（国土交通省スマートウェルネス住宅等推進事業調査成果、泌尿器国際医学誌「Urology」２０２０年8月号掲載）。

また暖かい環境で眠ると、厚く重たい布団を使わなくてもいいのです。大﨑さんも新築宅では冬場に軽い布団1枚で済むようになったと言いますが、私もモデル住宅で薄手の掛布団1枚のみの使用でした。日本エネルギーパス協会代表理事の今泉太爾氏によると「本来はお気に入りの掛布団1枚で眠れるくらいの室温がいい」そうです。

「一般的に掛布団は2キロ以下の重さにすると、スムーズに寝返りが打てるようです。室温が寒すぎると、掛布団＋毛布など複数の寝具によってかなり重たくなってしまいます。掛布団を2キロ以内、お気に入りの掛布団1枚で済ますには、個人差があるものの、だいたい15度〜18度以上の室温だと可能になるようです。そのあたりを目安に、自分が快適に眠れる室温を探すことが、質のいい睡眠をとるための第一歩です」

翌朝の起床もスムーズでした。寒い時期に温かい布団から気合いを入れて起きた経験は誰でもあるでしょう。それがモデル住宅ではすっと布団から出られるのです。

室内は朝でも空気が冷えきっていません。前夜に1時間ほどペレットストーブ（※おが屑を高温で固めた「ペレット」を燃やして、室内の空気は汚さず暖をとる方法。間伐時に生じるクズを原料としているため、地域の森林資源の循環を目指す、環境に配慮した暖房機器として知られる）を焚《た》いていたのですが、その温かさがほんわか残ったマイルドな空気なのです。一歩外に出れば、外気温は8度で、頬に冷気が突き刺さるようなのですが、住居が厚いバリアで覆われているような、外と中との境界線がしっかりしています。それがつまりは断熱性の優れている住宅ということです。

「省エネ＝寒さや暑さに耐える」は間違い

しかし、梼原町内の住宅はもともと断熱性能の低い家ばかりでした。

梼原町出身で現在の梼原町町長の吉田尚人氏の生まれ育った家も、朝起きると畳の上に細長く雪が積もっているような、隙間風《すきまかぜ》だらけで断熱性の低い家だったそうです。

「私のばあちゃんの家もすぐ近所にあったのですが、別棟にコンクリートの風呂があり、昔、遊びに行くともう寒くて寒くて。しかも夜中にトイレに起きた時にも、雪が降るような屋外に出ていかなくてはならない家庭もあり、みなさん寒くてたまらないだろうなって思いました」

　吉田町長の自宅も断熱性が低い家でしたが、15年ほど前に改築し、窓を複層ガラスにしたことで、家の中が格段に暖かくなったといいます。

「朝起きても寒いという感じがしなくなったし、室内で〝身構える〟ことがなくなりましたね。身構えるというのはもちろん医学的に冷えることで血管が収縮するということもあるのでしょうが、私は精神面、リラックス感が室温でかなり違ってくるのではないかと思う」

「家が少しでもくつろげる環境になれば」という吉田町長の思いから、梼原町では母屋と別棟になっている風呂、トイレを母屋に取り込む改築に、補助金が出されることになりました。

「もちろん完璧な断熱住宅は健康にいいのでしょうが、まずはできるところから。たとえば私の家も室内をいくつかカーテンで区切るんですよ。そうすると、いくつかの部屋がほどほどの室温に保てる。するとそれが快適な暮らしにつながる。椿原町では快適でエコな暮らしを目指していきたいと思っています」

省エネの暮らしは、寒さに耐える、暑さに耐えることではないと思うんですね、と吉田町長は続けます。

「人間が快適に健康に過ごしながらエネルギーを削減する、環境に負荷をかけないということができるはず。複層ガラスもそうだし、町内の未利用材を利用するペレットストーブもそう。環境と健康との両立、自然豊かな椿原と、人々の健康を維持できたらいいなって」

「無医村」となった経験もあるこの町では、「自分の健康は自分で守る」がモットー。「人任せにしない」という意識が、この町の人々からは感じられます。「国保加入者の健診受診率はおよそ８割」というほど町民の健康意識が高いのです。

「町民の方は〝生涯現役〟を目指しているんです」と椿原病院の宜保美紀医師。宜保医師は町外からこの地に移り住み、町の唯一の総合病院で町民の健康を守っています。

「『長靴を履いて死にたい』とおっしゃった方がいます。畑を自分のペースで耕《たがや》し、そこで得られたものを食して生きていく生活スタイルです。すごくいいことだと思います。

そしてそのためにはこの町で発症率の高い脳卒中を予防することなんです。特に椿原町から車で40分程度離れた松原地区では、山奥のためにタンパク質摂取量が少なく、血管が弱くなりがち。冬場は脱衣所にストーブを入れるとか、朝晩冷えるので起床前に暖房のタイマーで室内を暖めておく、浴室や脱衣所にも暖房を設置するなど、急な温度変化で血管に負担がかからないように、地域のみなさんに呼びかけています」

室温が5度暖かいと、脳神経は10歳若くなる

梼原町は、都心ほど医療設備が充実しておらず、高齢化も進んでおり、食料品も近辺では購入しづらい。にもかかわらず、全国平均よりも長寿であることが宜保美紀医師の調べでわかりました。全国の死亡者数を梼原町と同じ人口構成にして比較すると、全国と比較してがんによる死亡が35％、心疾患による死亡が16％も少なかったのです。

星旦二医師はその理由を三つ、「①きれいな空気と水」「②畑仕事」「③医療福祉の充実」としています。医療福祉の充実とは、医療体制というよりも、小さな町であるがゆえ町民一人ひとりに目が届きやすいということが影響しているでしょう。

また特に「松原地区のような山間部は長生き傾向がある」（宜保医師）そうです。山間部に住む人は主観的健康感（自分が健康かどうか自分で判定する）が高く、主観的健康感が

「とても健康」という人と「健康でない」という人とでは10年後の生存率で30％も差がついてしまうといわれています。松原地区には「セラピーロード」というものがあり、森林を歩くとストレスが低下する傾向にあることから、自然豊かな環境が影響している面もあるのかもしれません。

実は梼原町役場は、よくあるコンクリート製ではなく、１００％木材が使われた建物です。「木の持つ温かみを感じる」と吉田町長は言いますが、私も町役場に入った時、安らぎを覚えました。職場も自宅も木の内装にすることでミスが少なくなったり、睡眠の質が改善されることがわかっています。

日本はどうしても「我慢は美徳」とばかりに、寒さに耐えて生活する、厳しい環境でも業務に集中する傾向がありますが、それぞれの人が本来の力を発揮するには、環境を心地よくすることが大切だと梼原町の取材で改めて思いました。「快適に過ごす＝体を甘やかす」ことではないのです。

「生涯現役」を目指すならば、体に負荷をかけない暮らし方が求められます。

その一つが脳です。

19ページのQ１「室温が５度違うと、脳神経が何歳若くなるでしょうか？」

答えは、⑤の10歳です。

40代から80代までの男女を調査した研究で、冬季の自宅居間の温度が暖かい群（15度以上）は寒い群（10度前後）と比べて脳神経が若くなっています。1度で2歳、5度で10歳の違いが出ているのです。「脳のストレスを減らすことが脳神経を若くし、認知症予防にもつながる」と、内田泰史医師も断言します。

「手足の筋肉も使わないと衰えますが、脳も同様です。暖かい場所で、体も脳も動かすことのほうがよい影響となるでしょう」

次章では、「寒さ」がどれほど体にダメージを与えるのか、実際の研究結果をもとに具体的にみていきたいと思います。

Q1の正解→⑤10歳

第2章

「家の寒さ」が高血圧、頻尿、不眠の原因

Q2

室温が20度から10度下がると、80代男女の血圧はどれくらい上がるでしょうか?

❶ 3mmHg
❷ 5mmHg
❸ 8mmHg
❹ 10mmHg以上

※mmHg=水銀柱ミリメートル・血圧を示す単位

室温が10度下がると、血圧は10上がる

第1章では、梼原町で行われた研究を紹介し、「夜中の0時の時点で居間の室温を18度以上に保てていた人の高血圧発病確率に対して、18度未満の家に住む人は高血圧を6・7倍も発症しやすい」と記しました。

冬場に寒い浴室で倒れるヒートショックが知られるようになり、「室温」と「血圧」が相互に影響し合うことを何となく理解している人も多いと思いますが、改めて説明しましょう。

寒いと体がブルブルッとしますが、それは血圧が上がる兆候。星旦二医師は「末梢の血管が縮まっている証拠で、縮まれば縮まるほど心臓が血液を末梢まで送り届けようとがんばって血圧が上がります」と説明します。

それではいったい血圧はどれほど上昇するのでしょうか。

左の**図表A**をご覧ください。２０１９年秋に米国心臓協会が監修する高血圧国際医学誌『Ｈｙｐｅｒｔｅｎｓｉｏｎ』に掲載されたものです。

起床時の居間室温が20度から10度低下すると、平均的な生活習慣の30代男性の血圧（㎜Hg＝水銀柱ミリメートル）が3・8上昇するのに対し、80代男性は10・2も上がったのです。

図表A　室温が10度下がると、血圧は10上がる

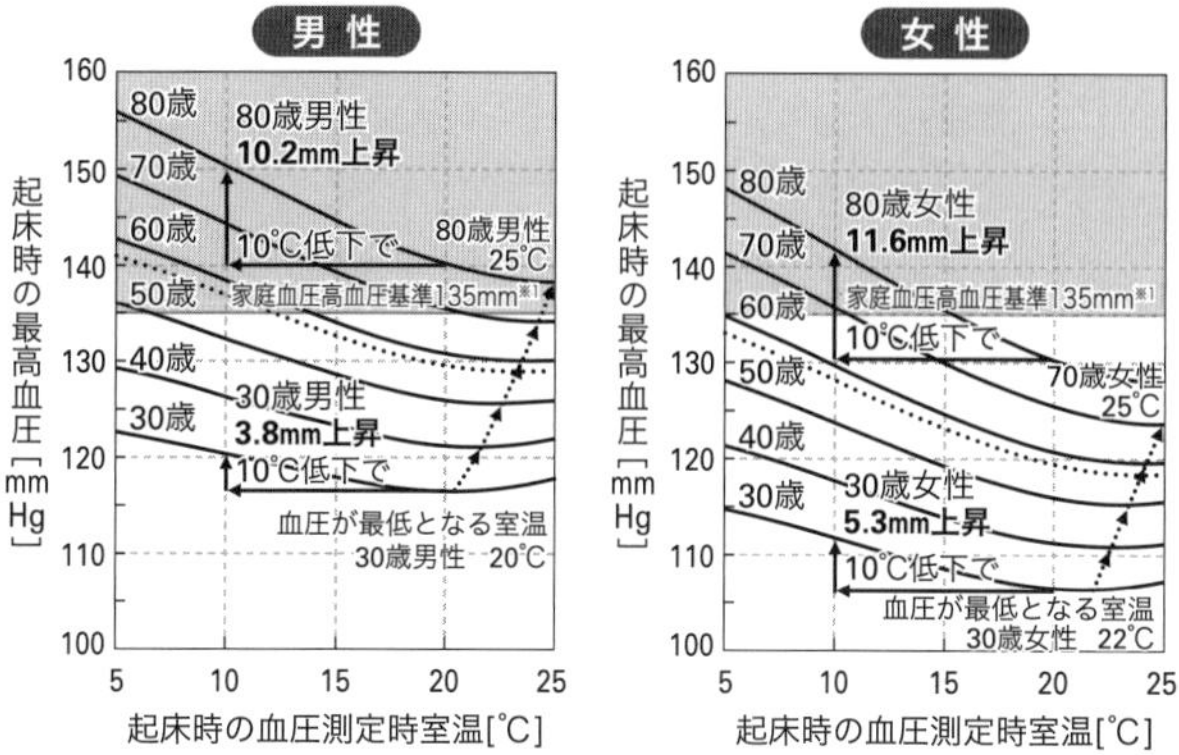

※1：JSH2014（日本高血圧学会:高血圧治療ガイドライン2014）
※2：その他の変数は、本調査で得られた平均的な男性または女性のデータをモデルに投入
野菜（よく食べる）、運動（なし）、喫煙（なし）、飲酒（男性：毎日／女性：ほとんど飲まない）、降圧剤（なし）、BMI／塩分チェック得点／睡眠の質／睡眠時間／前夜の飲酒有無（男女それぞれ調査対象者の平均値を投入）、外気温/ 居間寝室温度差（全調査対象者の平均値を投入）

（出典）国土交通省スマートウェルネス住宅等推進事業調査成果、高血圧国際医学誌『Hypertension』2019年10月号掲載

女性のほうはさらに注意しなければならず、室温20度ではどの年代も自宅で測定する家庭高血圧基準の135を下回っていて正常範囲なのですが、10度低下することで80代女性は11・6上昇し、142と高血圧症になってしまうのです。37ページのQ2の答えは、④の「10㎜Hg以上」。たとえ普段は高血圧症でなくても、室温によっては高血圧症になる可能性を考えなくてはなりません。

椿原町に住む方々とお話ししていると、寒い家に住みながらも「この環境に慣れている」という声を聞きます。高齢者ほど「これまで大丈夫だった」という意識を強く持つと思います。ですがこの研究結果からわかるように、年齢が上がるほど室温の影響をより強く受けるのです。

星旦二医師も「温度の影響を受けるのは血管に柔軟性のある若い人ではなく、動脈硬化が進んでいる高齢者」と言います。

「これまで寒くても平気だった」という経験は、むしろ年を取るほどアテにならないと思ってください。

降圧剤よりも室温のほうが血圧に影響する

一般的に高血圧症対策にいいといわれる生活習慣と比較すると、室温がいかに重要なのかがよくわかります。

高血圧治療ガイドラインによれば、減塩や肥満の治療、運動、野菜摂取、禁煙などが勧められています。それらの影響が血圧に与える影響は以下の通りです。

たとえば、野菜をよく食べる人よりも食べない人のほうが血圧が２・９、飲酒しない人より毎日飲酒する人のほうが血圧が３・６それぞれ高くなります。また血管にとって絶対悪といわれる塩分では摂取が多いと血圧が３・５高くなり、非喫煙者より喫煙者のほうが血圧が

３・１高くなります（高血圧国際医学誌『Ｈｙｐｅｒｔｅｎｓｉｏｎ』２０１９年10月号より）。

　いかがでしょう。先ほど室温が10度低下すると、80代男性は10・2、80代女性は11・６も血圧が高くなると記しました。日本高血圧学会が勧める「よい生活習慣」よりも、「室温」のほうが体に大きな影響を与えることに驚かれる人も多いのではないでしょうか。また、降圧剤を服用している人は、服用してもなお血圧が平均5高いのです。

　もちろん、だからといって悪い生活習慣をし、薬を飲み忘れていいということではありません。そうではなく、悪い生活習慣にプラスして室温の低い部屋にいれば、死亡リスクが相当高くなるということがいえると思います。

　厚生労働省は国民の健康寿命延伸などを実現するための計画「健康日本21」において、40～80代の国民の最高血圧の平均値を４低下させることを目標にしています。これによって循環器系疾患死者数が年間１万５０００人減少できると推計されています。しかし、対策としては「生活習慣」ばかりが推奨され、ここに住環境の視点が入っていないことがとても残念です。

「住宅の断熱改修を実施した人たちは、していない人たちと比べて、起床時の最高血圧が平均で３・１低下することが示されました。これは国土交通省スマートウェルネス住宅等推進事業の最新成果で、欧州の高血圧国際医学誌『Journal of Hypertension』（２０２０年6月号）に掲載されました。高齢者や生活習慣がよくない人ほど降圧効果が大きいこともわかっています」（伊香賀教授）

すべての国民が断熱改修工事などによって、ＷＨＯが強く勧告する「冬の室温を18度以上」に保てば、「健康日本21」における目標数値を達成できる可能性が高いのです。

さて、次のクイズです。

Q3

夏と比べて
冬の死亡率が最も高い
県はどこでしょうか?

❶栃木県
❷茨城県
❸北海道
❹兵庫県
❺大阪府

温暖な地域ほど、冬場の死亡率は上がる

このクイズから、なぜＷＨＯは冬の室内環境を「18度以上」と勧告したのかについて考えてみたいと思います。

慶應義塾大学の伊香賀研究室が分析した左の**図表B**のグラフをご覧ください。クイズの答えにもなりますが、これは暖かい季節（4～11月）に対して、寒い季節（12～3月）の月平均死亡者数がどれほど増えるのかを都道府県別に示したものです。驚くべきことに、北海道、青森県は冬の死亡増加率が低いのです。ほか新潟県や秋田県、石川県、山形県など、やはり寒い地域は暖かい季節と比べて冬の死亡者数が増えていません（ちなみに沖縄県は亜熱帯地方で、冬でもそれほど冷え込まないため例外とします）。

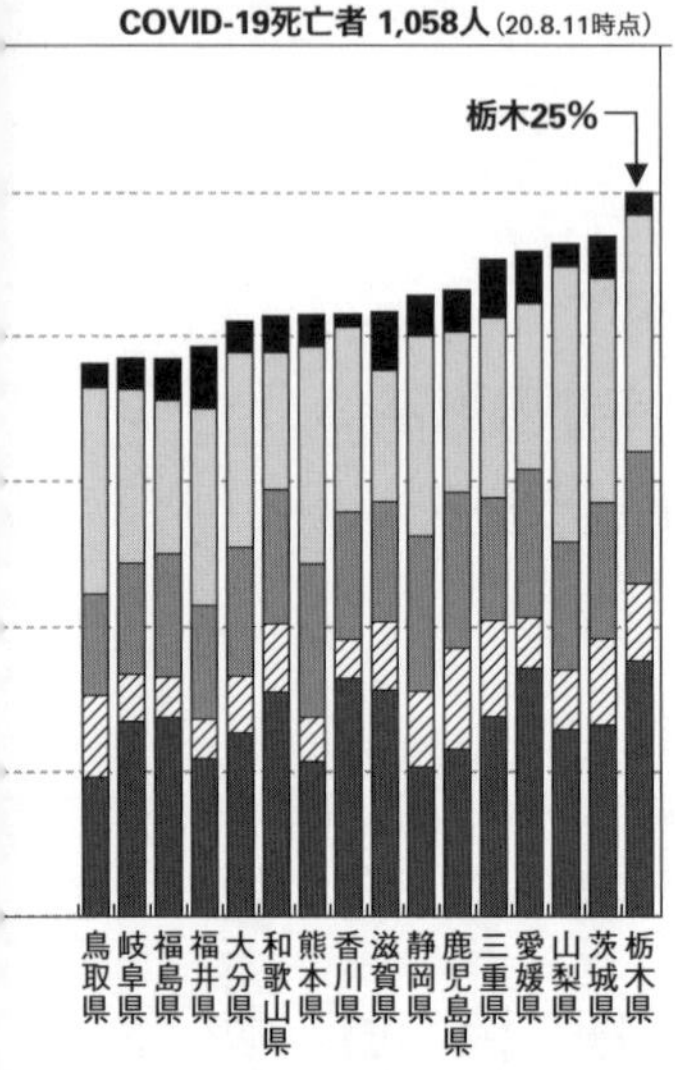

の増加割合（%）

図表Ｂ　冬の死亡増加率はどの都道府県が高い？

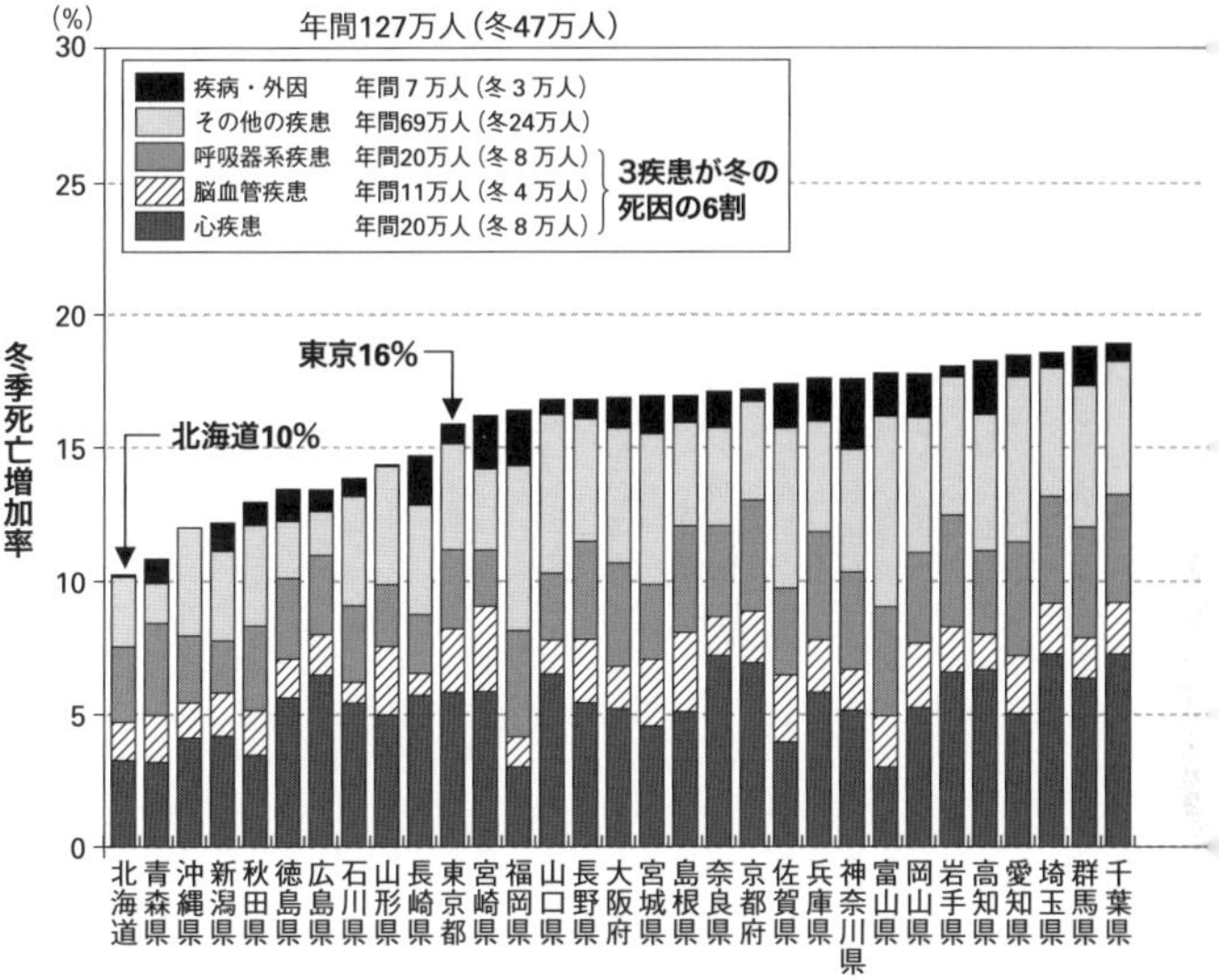

冬季死亡増加率：４月から11月の月平均死亡者数に対する12月から３月の月平均死亡者数
(出典)厚生労働省「人口動態統計」(2014年)に基づき、伊香賀研究室で分析

一方で、比較的温暖な地域として知られる栃木県や愛媛県、鹿児島県、静岡県などは夏と比べ冬の死亡率が20％以上も上昇しています。これは国別に見ても同様の傾向で、寒い国と暖かい国で２倍程度、死者数に違いがあります。たとえばヨーロッパで寒冷なフィンランドは冬の死亡は10％増程度ですが、温暖なポルトガルは28％も死者が多くなるのです。

原因は「家の寒さ」に関係があると結論づけられています。寒い地域ほど断熱のいい住宅が普及し、暖かい環境の中で暮らしているのです。私は中学校卒業まで静岡県で暮らしていました。静岡は、雪が降ればそれが静岡新聞1面の見出しになるほど温暖な地域です。もちろんストーブもエアコンも使いますし、寒いことは寒いのですが〝耐えられる寒さ〟なんですよね。住宅の「断熱対策」など聞いたこともありませんでした。

もともと日本では「耐震」に関しては世界に類を見ないほどの厳しい基準があります。一方で「室温」には全く目が向けられてきませんでした。厚生労働省の医系技官として勤務していた星旦二医師は「これまで住宅は経済の観点ばかりから見られていた」と指摘します。

「長い間、住宅は質ではなく戸数が優先されてきました。県ごとにこれだけ死亡率の差が生まれたのは、家と健康を結びつけて政策を考えなかった国の責任です。たとえば喫煙によって肺がんのリスクが高まるのだから、タバコの自動販売機を撤去する。これがゼロ次予防です。寒くない、温度格差がない住宅、化学物質に汚染されない住宅を作るというゼロ次予防の観点から、もっと早く対策を考えるべきでした。そうすれば脳心血管疾患やアレルギーに悩む人をもっと減らすことができたでしょう」

英国では「家の寒さと死亡率の関係」を数十年にわたり地道に調査し、その結果を分析して「住宅の健康・安全性評価システム」として公表しています。英国といえば看護師の祖、ナイチンゲールの地。ナイチンゲールはクリミア戦争で戦地に赴《おもむ》き、怪我をした兵士たちが療養する環境を清潔に保つことで死者が減り、兵士は早く回復するということを身を以て示しました。彼女の著書『看護覚え書』は看護の基本について13項目に分けてまとめられていますが、その中には〈「住居の健康」——きれいな空気と水、下水溝の整備や室内への採光〉〈「部屋と壁の清潔」——そうじ、風通し、窓の位置（採光）のしかた〉など、室内環境についても触れられています。医療に関してあまり予算を割《さ》いていなかった英国政府を動かし、看護する環境を整えたのはナイチンゲールの功績です。加えて英国は産業革命の時代から石炭の煙などの「公害」に苦しんだ国でもあり、昔から「環境がよくないと病気になる」という意識が根付いていたといえます。

英国の室温の指針は、

- **18度……許容温度**
- **16度未満……呼吸器系疾患に影響あり**
- **9～12度……血圧上昇、心血管疾患リスク**
- **5度……低体温症リスク**

とされています。これが根拠の一つとなってWHO「住宅と健康に関するガイドライン」で冬の最低室温18度（高齢者や小児はさらに暖かく）が策定されました。また冬季の室温を上昇させる（最低室温18度以上にする）と、呼吸器系疾患の罹患・死亡リスク、心血管疾患の罹患・死亡リスクが低下するというエビデンスの確実性は「中程度」と評価されています。

つまり、寒い環境にいるとそれらのリスクが高まることについて、可能性については十分認められている段階です。

交通事故死亡者数より住宅内死亡者数のほうが多い

「諸外国では過度な寒さは基本的人権を侵害しているという認識があるのです」と、海外の住宅事情に詳しい前出の今泉太爾《たいじ》氏が言います。

「だいたい18〜21度の最低室温に関する基準や規制があります。寒さに関する法的な整備がされていないのは、先進国で日本ぐらいです」

なんと英国では18度以下の賃貸住宅には解体命令が出ますし、刑務所であっても設計段階から暖房計画がきちんと考えられているのです。

一方で日本では住宅内での死亡者数は増え続けています。厚生労働省の統計によると、交通事故で亡くなった人の数は１９９５年には約１万５０００人だったのが、年々減少し、２

０１２年には半分以下の約６０００人。それに対して、住宅内で何らかの事故で死亡した人は１９９６年には年間１万人強であったのが、２００３年には交通事故の死者数と逆転し、２０１２年には約１万５０００人に達しています。住宅内での死亡は、冬季に心疾患や脳血管疾患など循環器疾患によるものが急増しています。循環器疾患が発生する主な要因は高血圧で、65歳以上の高齢者に集中しています。

またこんな報告もあります。心停止（心臓が突然止まってしまう）事例の65％が自宅で起きているというのです。

大妻女子大学や京都大学、大阪大学などのチームが総務省消防庁の統計をもとに２０１３～15年に全国で救命が試みられた突然の心停止約33万件を分析したところ、約65％にあたる約21万２０００件が自宅で起きていたことがわかりました。それもヒートショックが起きやすい風呂場（約２万８０００件）よりも、居間（約14万４０００件）が圧倒的に多いということです。さまざまな原因が考えられますが、一つには住宅の寒さがあることは間違いないでしょう。

Q4

国土交通省が行った
平均年齢57歳の住居
2000世帯の
冬季調査によると、
寝室の室温は
何度だったでしょうか?

❶ 10度以下
❷ 12度
❸ 15度
❹ 18度(WHO勧告温度)

室温12度未満の家では、夜間頻尿リスクが1・6倍になる

ＷＨＯは室温18度を勧告していますが、実際に日本の住宅はどれくらい暖かいのでしょうか。

国土交通省が平均年齢57歳の住居２１９０戸を冬季に調査した結果は次の通りです。

- **居間……16・8度**
- **寝室……12・8度**
- **脱衣所……13・0度**

居間では6割、寝室や脱衣所に至っては9割の家が18度に達していなかったのです。居間は暖房を使うことが多いので高めですが、寝室や脱衣所はかなり寒いことがわかりますね。次ページの**図表C**は寝室の平均温度を表します。18時をすぎるとほとんどの世帯で温度がぐんぐん下がっているのがわかるでしょう。

各部屋に室温計を置くと実感できると思いますが、実は暖房を使ったとしても断熱性能が高い最新住宅（２０１６年以降の建築物）でないと18度にはなかなか達しないのです。戸建てよりはマンションのほうが室温がまだ高いのですが、それでも私が築20年のマンションに

図表C　冬の寝室の平均室温

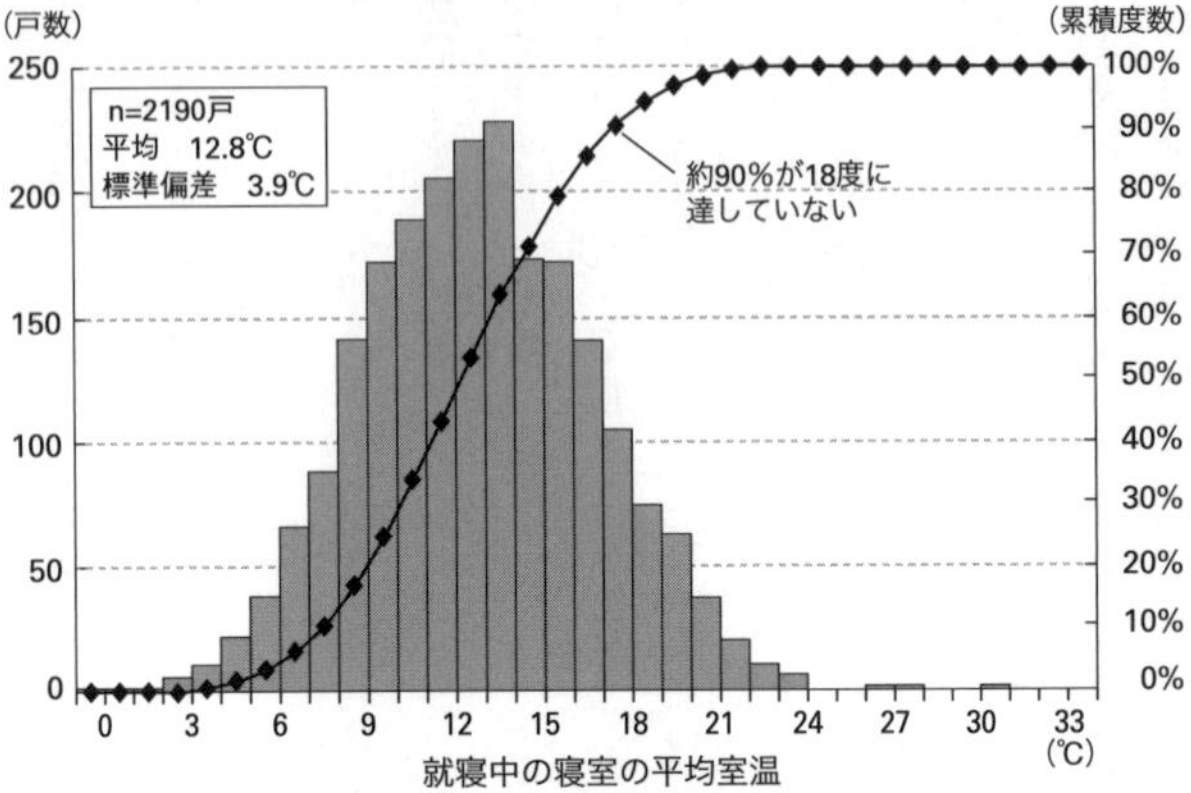

（出典）国土交通省スマートウェルネス住宅等推進事業調査研究成果、国際医学・建築誌『Indoor Air』2020年６月公開

住んでいた時、北向きの部屋は真冬に12度を下回っていました。12度を下回ると、パソコンを打つ手が冷たくなってくるのがわかります。多くの人が「寒い」と感じる室温でしょう。

さて一つ、みなさんにぜひ意識してほしいことがあります。冬場にＷＨＯが強く勧告する室温18度を保つことができれば素晴らしいです。ただ、それが難しい時であっても、12度を下回らないように気をつけてほしいのです。

なぜかというと、12度を下回ると、よりはっきりと心身に「負の影響」が現れてくるからです。英国の室温の指針でも12度を下回ると血圧上昇や心血管疾患リスクが高まるとされています。

先ほど居間の室温は比較的高めと記しましたが、あなたの家の就寝前の室温は何度でしょう。伊香賀俊治教授らの研究によると就寝前（目安は23時）時点の室温が18度以上に住む人と比べて、12度未満の住宅では夜間頻尿リスクが１・６倍も高まるのです。

室温を1度上げるごとに咳の症状が改善する

もちろん寝室も、できる限り暖かくしたほうがいいでしょう。国土交通省が発表した全国調査では約55％の家の寝室が13度未満ですが、伊香賀研究室が石川県のある町の２８０世帯を調査すると、75％の家で寝室の室温が13度を下回っていました。そして寒い家は暖かい家と比べて「寝つきが悪い」と感じる確率が２・２倍、中途覚醒する確率が２・３倍高くなっています。海外の研究では12度以下で寝ている子どもは喘息《ぜんそく》を発症しやすいという報告があり、室温を１度上げるごとに咳の症状が改善しています。

「さらに10度を切ると危ない」と近畿大学建築学部の岩前篤教授が指摘します。

「無断熱で一戸建ての場合は、真冬に寝室やトイレの温度が10度を切っているケースが少なくないでしょう」

国内で睡眠調査を行う豊橋技術科学大学建築・都市システム学系の都築和代教授が行った

研究では、10度で自律神経に負荷がかかっているのがわかります。３度／10度／17度に設定した人工気候室で健康な青年に睡眠をとってもらったところ、寒い部屋では心臓と末梢部分の自律神経活動が一致しなくなっていたのです。都築教授は「体内の直腸温も、室温が下がるにつれて明らかに低い」と解説します。

「室内の冷たい空気を吸って体内が冷え、体が緊張状態になったためと推察されます。また高齢者を対象に『冬季の睡眠の実態』を調査すると、高齢者ほど寒さに影響を受け、睡眠の質が低下しやすいことがわかりました」

睡眠効率（睡眠中にどれだけ実際睡眠がとれていたかを表す指標）が寝室の室温10度以上では96％なのに対し、10度未満では89％。また10度以上の群では睡眠中の平均覚醒時間が３・１分に対し、10度未満の群では７・６分。どちらも短い分数のように思えるかもしれませんが、覚醒とは体が動いており、「完全に眠れていない状態」を指すため、そこから再び眠りにつく時間を考えると睡眠時間がかなり削られていることにもなります。

実は睡眠の質には室内の「乾燥」も関係があるのです。はい、それでは乾燥について次のクイズを考えてみましょう。

Q5

次の中で、間違っているものはどれでしょうか?

❶寒く乾燥している家と比べて、暖かく湿度が保たれている家に住む子は活発で運動能力が高い

❷乾燥している職場で働くと、仕事の間違いが多くなる

❸乾燥している場所では眠気が強くなる

❹寝室が乾燥していると、いびきをかきやすくなる

❺乾燥しているとうつっぽくなる

室内が乾燥していると仕事のミスが増える

「間違っているもの」は一つだけ。つまり一つ以外はすべて正解なのです。室内の乾燥がさまざまに影響することがわかりますね。

先ほどの続きですが、まず睡眠について取り上げます。寝室の乾燥を感じる群は、感じない群と比べて中途覚醒をする確率が2・9倍、いびきをかく確率が1・6倍高まり、睡眠の質も2・5倍悪くなることがわかっています。よって「④寝室が乾燥していると、いびきをかきやすくなる」は「正しいもの」に分類されます。

自宅だけでなく施設でも、冬場の乾燥は悪影響を及ぼします。伊香賀俊治教授と星旦二医師の共同研究で、湿度が30%以上かそれ未満かで比較すると、30%未満の乾燥している施設は2倍も要介護度が悪化しやすいことがわかりました。伊香賀俊治教授が研究中の様子を振り返って話してくれました。

「介護施設を訪問すると、要介護度が進行している人ほど、口を開けて就寝しているのです。そうすると施設内に大型の加湿器を置いていないところでは、どうしても乾燥してしまいます。口腔内で細菌が繁殖しやすくなるかもしれません」

感染症対策の観点からは50～60％の湿度がいいのです。インフルエンザウイルスの6時間後の生存率を調べた研究では、室温22度、湿度50～60％で生存率が低くなるという結果でした。「室温」と「湿度」の両方が大切なんですね。

介護施設については、乾燥によって働く職員にも影響を及ぼすという、ちょっと意外な報告もあります。

その報告によると、国内のある特別養護老人ホームでは、入居者の個室には加湿器が置かれていましたが、共有スペースには置かれておらず、順次導入している状況でした。

つまり、同じ施設内に「湿潤エリア（湿度40％以上）」と「乾燥エリア（湿度40％未満）」が存在するということです。すると乾燥エリアで働く職員は、まばたきの回数が増加し、眠気とだるさを訴える率が上昇しました。伊香賀俊治教授によると「乾燥エリアではミスや間違いが多いと自覚する割合が高い」とのこと。

まばたきが増えることで視覚情報が少なくなり、ミスが増えた可能性があります。また低湿度環境下では口の中が乾燥することが増え、のどが痛くなり、風邪もひきやすいですね。血流量が減少し、脳への血流循環がうまくいかず、意欲が低下するのではないかと分析されています。

つまり、「②乾燥している職場で働くと、仕事の間違いが多くなる」も、「③乾燥している場所では眠気が強くなる」も「正しいもの」に分類されます。

寒い家に住む子どもは病欠率が高くなる

高齢者だけでなく子どもにとっても、暖かさと適度な湿度は重要です。

寒く乾燥している家と比べて、暖かく湿度が保たれている家に住む子どもは運動能力が高い傾向にあるのです。また幼稚園でも暖かい幼稚園にいる園児は活発で、運動能力が高く、低体温の児童が少なくなることがわかっています。ここで知っておきたいのは、幼児は身長が低いため一般的な室温計測（床上1・1メートル）では意味がないということです。大人でいう足元が暖かくないと、幼児にとっては快適な環境になりません。

「寒い幼稚園にいる子どもたちは顕著に〝不活発〟なんです。活動量が減ると低体温になりやすく、免疫が落ちて病気になりやすいというところにつながります。また園児たちに室温計を持ち帰ってもらい、自宅の室温を計測してもらった結果、幼稚園が寒くて、さらに自宅も寒いと病欠率が2・6倍も高くなりました。幼稚園か自宅か、どちらか寒いだけでも1・62倍高くなります」（伊香賀教授）

幼少期に過ごす自宅を暖かい環境にしてあげることが、子どもの病欠を確実に減らすのです。そしてもし選択が可能なら、暖かい幼稚園のほうが幼児の活動時間が男女ともに長く、病欠がもっと減るでしょう。

クイズの「①寒く乾燥している家と比べて、暖かく湿度が保たれている家に住む子は活発で運動能力が高い」も「正しいもの」のため、間違っているものは「⑤乾燥しているとうつっぽくなる」でした。

乾燥が冬場の脱水症状を引き起こす

また冬場は乾燥が「脱水」を引き起こすこともあります。人の体は60〜70%が水分ですが、65歳以上は50%にとどまる上、のどが渇いたと感じる機能も低下し、脱水症状に気づきにくいのです。水分量が少ないと血液の流れが悪くなって血栓（血の塊）もできやすくなります。特に高血圧や心臓病などの持病のある人にとっては命を脅《おびや》かす危険性があるため、高齢になるほど定期的な水分補給、部屋の加湿を忘れないようにしましょう。

部屋の加湿は洗濯物の部屋干しや濡れタオルをかけるなどでもいいですが、均一に有効な方法は加湿器で、エアコンと併用すればある程度の室温と湿度が維持できます。暖房器具では風が肌に当たらないオイルヒーターも魅力的なのですが、電気代が割高になるため、メインで使うならエアコンがいいと思います。暖かい風が直接肌に当たらないように、弱運転をしてください。加湿器はいくつか種類がありますが「気化式加湿器がいいのでは」というのが今泉太爾氏の提案です。

「気化式は運転コストが安いのがメリット。ただしフィルターにカビが生えやすいのでこまめな清掃が必要です。一方でスチーム式の加湿器はメンテナンスの手間が減る分、電気代が気化式と比べて約3倍になります」

加湿は湿度計で60%を超える湿度過剰にならないように注意しましょう。住宅によっては窓ガラスがびしょびしょになる結露を起こし、やがてそこにカビが生え、アレルギー疾患の原因になります。

脱衣所を14度にすることで健康寿命が延びる

しかし室内を暖房で暖かくしようとしても、実は住宅によって限界があります。暖房のためのエネルギーロスが光熱費に響き、エアコンを強めにかけるので室内がさらに乾燥するという悪循環も生まれやすくなります。ベストな方法は「家の断熱性」を高めることです。

自宅の断熱性能がどの程度あるのか、判断する方法はあるのでしょうか。それは脱衣所の室温を測ることです。脱衣所の室温は廊下とほぼイコールで、積極的に暖房されない場所、つまり家の寒さが表れやすい場所なのです。ＷＨＯが冬の室温を18度以上と勧告したのは、決して居間にポイントを当てているわけではありません。自宅内のすべての部屋に対する勧告です。そして勧告のベースとなっている英国やニュージーランドは日本とは住宅設計が異なるため、浴室が住居の隅に追いやられていません。つまり、日本のような寒さを感じない造りになっているのです。

先に述べたように、国土交通省の調べでは、日本の脱衣所の平均室温は12度でしたね。日本は文化的に居室の隣に水回りを配置することを嫌がり、浴室は北側、つまり寒いほうに追いやられる傾向があります。しかし、本書の「はじめに」で紹介したように、脱衣所の平均室温が「12度の寒冷群」と比べて、「14度の温暖群」は健康寿命が４歳延伸していたという報告もあります。少しでも暖かい浴室まわりにすることが重要なのです。

また住宅内での死亡は浴室内での溺死が４割を占めています。なぜこのようなことが起きるのかというと、脱衣所や廊下が寒い家に住む人は、「熱いお湯に長くつかる」入浴習慣の人が多いためです。それによって入浴中に体温が上昇し、水分が失われ、意識レベルが低下してしまう――簡単にいうと〝のぼせ〟が起き、冬の熱中症のような現象が起きてしまうのです。

家の断熱性能を高めると、こういった入浴事故の防止になり、睡眠の質が改善され、ほかにも高血圧、脂質異常症、糖尿病、難聴、骨折・ねんざ・脱臼のリスクが低下します。

「断熱性の低い家は室温の変化が激しく、それによって血管の拡張収縮が繰り返されて動脈硬化が進行しやすいのです。暖かい家と比べて寒い家に住む人は総コレステロール値が２・６倍、悪玉コレステロール値は１・６倍高くなり、心電図の異常所見も１・９倍多く見られます」（伊香賀教授）

骨折やねんざ・脱臼などは一見、関係なさそうに感じますが、寒い環境では体の動きが悪くなってしまうのです。一方で、断熱改修後には住宅内の軽強度以上の平均活動時間が明らかに増えることがわかっています。

断熱された家に住むと、肌もアレルギーも改善する

ほかにも前出の岩前篤教授が、約２万４０００人もの人を対象に、「ほぼ無断熱」の家から「そこそこ断熱された家」に引っ越しをした人を調査すると「気管支喘息」「のどの痛み」

「アトピー性皮膚炎」「肌のかゆみ」「目のかゆみ」「アレルギー性結膜炎」「アレルギー性鼻炎」「手足の冷え」の８つの症状について明らかな改善が見られました。この結果について岩前篤教授は「肌の悩みについては住まいが暖かくなることで身に着ける着衣量が減るからではないか」とみています。星旦二医師は「断熱住宅によって結露が減少し、カビができにくくなって、ダニなどのアレルギーを誘発する要因が少なくなる」と補足します。

　星旦二医師は20年ほど前に大手ハウスメーカーに建築を依頼したものの、冬の室内は寒く、築５年で結露とカビが生えたそうです。しかし断熱改修によって室温が６度から14度まで上がり、窓ガラスに結露が出づらく、カビも生えなくなったとのこと。風邪もひきにくくなったり、夜中のトイレに起きることがなくなったといいますからうらやましいですね。

　そんな健康を守る「断熱住宅」とは？　次章で詳しく取り上げます。

Ｑ２の正解→④10㎜Hg以上

Ｑ３の正解→①栃木県

Ｑ４の正解→②12度

Ｑ５の正解→⑤乾燥しているとうつっぽくなる

第3章——暖かい家にするために今日からできること

Q6

冬に、
室内の熱は「窓」から何%
出ていくでしょうか?

❶ 7%
❷ 15%
❸ 30%
❹ 58%

手っ取り早いのは「窓を替える」こと

冬は住宅内の主にどこから、〝暖かい熱〟が逃げていくでしょう?

建築系の学部出身や職業でもない限り、そんなことを考えたこともないですよね。講演で聴衆のみなさんに問いかけると、顔に「?」が浮かびます。私もそうでした。

実は「窓」なんです。Ｑ６の正解は④の58%。なんと冬は窓から室内の熱の半分以上が出ていってしまいます。ちなみに夏は反対に、窓から熱が「入ってくる」のですが、この解説は次の第４章に譲りましょう。

これまでたびたび出てきた「断熱」という言葉。健康住宅に近づく最も大切な対策です。繰り返しになりますが、断熱とは、冬は外に逃げていく熱を、夏は内側へ入ってくる熱を断つこと。壁や床などに熱を通しにくい素材の断熱材を詰める手法で、その「質と厚み」により住宅の断熱レベルが変わり、断熱が貧弱だと、冬は室内から外へと大量に熱が逃げてしまうと先に述べました。

断熱性を確実に高める方法は「住宅の改修」なのですが、すぐに１００万円以上のお金を出せる人は多くないと思います。ただ、手っ取り早く、できる限りコストを抑えて断熱性を高めることはできます。

それは窓を替えることなんです。方法は二つあり、今ある窓にもう一枚窓をプラスする「内窓」を購入するか、もしくは今の窓から「高性能の窓」に取り替えるか。金額は工事を請け負う工務店や窓の性能により差がありますが、内窓を1枚取り付けるのは3万～5万円程度、高性能の窓だと10万円程度が市場価格のようです。工事期間は内窓なら取り付けるだけですので1時間程度、高性能の窓に取り替えるのも数時間です。

高断熱住宅を手がけて20年の一級建築士の加藤真哉さん（奥山建設）も「内窓を付けたり窓交換だけなら、どの工務店にお願いしても簡単にできる」と保証します。

「築30年くらいの建物だとサッシ交換が必要になる場合もあり、リフォームという形で時間とコストがかかりますが、大抵の窓は内窓を付けるのは簡単ですよ。既存の住宅ではフレーム素材にアルミを使った単板ガラスが多いですが、そこに樹脂製の内窓を付けると熱を通しにくく（室内から屋外に熱を逃しにくく）なります」

耐久性ではアルミ製のほうが高いため、外側にアルミ、家の内側のフレームを樹脂で構成する「ハイブリッド構造」の窓もあります。ちなみに現在の新築住宅にはすでに断熱性能が高い窓が取り付けてあり、複層ガラスやトリプルガラス（三層）も珍しくありません。

すべての部屋の窓交換が難しければ、日中に過ごす時間の長いリビング、もしくは睡眠に影響を与える寝室の窓だけでも交換すると、風邪をひきにくくなったり睡眠の質がよくなったりという効果が実感できるでしょう。

窓に数万円も出せないという人は、若干安価であるハニカム状の断熱スクリーンを窓にカーテンのように付けても対策になります。あるいは、次のような安価な方法も。

「割れ物の梱包に使うようなプチプチのシート（気泡緩衝材）を窓に下げると多少は効果があると思います。ペラペラのシートのものではダメですよ。断熱って何かといったら〝動かない空気〟なんです。気泡のかたまり、空気が動かないからこそ熱が伝わりにくい（熱が外に逃げにくい）。ダウンジャケットも羽毛布団も同じ原理です。しかしプチプチのシートは窓を開け閉めできないという難点がありますけどね」（加藤さん）

シートも層の多いもののほうが効果が高いです。市販品ではさまざまなタイプがありますが、窓に水を吹き付けてから貼るタイプのもののほうが、貼り直しがしやすく初心者にも簡単。ただし使用できないガラスの種類が説明書きに載っているのでよく確認してください。日光の当たる場所では1年ほどでシートが劣化するので、毎年貼り替えましょう。

それ以外の、できるだけコストがかからない方法で室内を暖かくする方法はないでしょうか。はい、あります。次に「暖かくする住まい方」として7つの項目にまとめたので、今日からできることを取り入れてみてください。

冬の室内を暖かくする7つの住まい方

住まい方①……室温計を設置し、部屋ごとの温度差、湿度に気を配る

基本中の基本、全室に室温計を備えているでしょうか。

「室温計は床上1メートルくらいの棚などの上に置いてください。直射日光が当たらず、冷暖房の影響を受けにくいところがいいですね。住居内で少なくとも居間（リビング）、寝室、脱衣所の3カ所には設置しましょう」（伊香賀教授）

一番寒い部屋はどこか、家の中に温度差がどの程度あるか、実際に測ってみると思わぬ結果が出てきます。

早稲田大学創造理工学部の田辺新一教授によると、「快適な室温は床の温度が19〜29度の間で、最低でも足元が15度以上、また頭とくるぶしの位置の上下の温度差は3度以内」とのこと（部屋ごとの温度差を小さくする方法については後述します）。

部屋ごとの温度差があると、居間↓廊下↓脱衣所などと移動する時に血圧が上がりやすく

なってしまいます。どれくらいの温度差におさめるといいのでしょうか。国内の研究で、室内の風を鼻に送った場合、その温度差がマイナス7度になると鼻炎の症状（くしゃみ、鼻水、鼻づまり）が起きたという報告があります。冷気などの刺激による鼻炎を「血管運動性鼻炎」というそうです。

呼吸器専門医の大谷義夫医師（池袋大谷クリニック院長）が教えてくれました。

「周囲の環境に鼻粘膜の自律神経が過敏に反応して症状が起きる、つまりは自律神経のバランスが悪くなって起こる病気で、通称〝寒暖差アレルギー〟と呼ばれています。温度差が自律神経を乱してしまうと、時にじんましんや肌荒れの原因にもつながるんです。寒暖差は血管を収縮させ血圧上昇を生じさせるため、脳卒中や心臓病のリスクを高めます。3度下がると気管支が敏感な人は咳が出やすくなります。部屋ごとの温度差は理想は3度以内、最大でも7度以内にはおさめたいですね」

また年齢とともに体温調整機能が衰え、室温を感じる皮膚センサーが鈍ります。感覚に頼るのではなく、数値を見る習慣をつけましょう。

住まい方②……加湿器を活用する

梅雨や夏の時季、室温はそれほど高くないのに、蒸し蒸しと室温以上に暑さを感じることがありませんか。室温は同じでも、湿度が上がると体感温度が高くなるのです。

この原理を利用して、乾燥しがちな冬場は加湿器を活用するといいでしょう。第２章の終わりでも触れたように、湿度を上げることは冬の「かくれ脱水」を防ぐことにつながります。血栓を作りにくくし、感染症の予防にもなります。子どもたちの活発性、仕事のミス、眠気にも影響するとも述べました。また、湿度40％以下になると、睡眠効率（睡眠中にどれだけ実際睡眠がとれていたかを表す指標）が低下することも明らかになっています。

また加湿器がない場合は、洗濯物や濡れタオルを干しましょう。その際、湿度計が60％を超える湿度過剰にならないように気をつけてください。断熱性能が低い住宅では窓ガラスがびしょびしょになる結露を起こし、やがてそこにカビが生えて、アレルギー疾患の原因になってしまいます。

住まい方③……窓側に暖房器具を置く

暖房をつけているのに、足元がひんやりするという経験がある人もいるかもしれません。暖められた室内の空気が窓に触れることで、冷たい気流になってしまう「コールドドラフト現象」が起きているのかもしれません。

床上1メートル付近の温度よりも、足元の温度のほうが血圧への影響が大きく、「『足元が寒い群』は『そうでない群』と比べて1・5倍も高血圧治療を受ける可能性が高くなる」と伊香賀俊治教授が指摘します。

足元を暖かくするためには、やはり窓交換が効果的なのですが、難しい場合は、窓側に暖房器具を置きましょう。

「その際、開放式の石油ストーブやファンヒーターのように空気を汚す暖房器具より、電気を熱エネルギーに変えて暖めるパネルヒーターなどの暖房器具を置くことをお勧めします」

窓側に置くことによってヒーターから出る上昇気流が窓からの冷気を押しとどめ、暖房効率を上げることができます。

住まい方④……隙間風対策

部屋の冷えには、できる限り厚手の素材のカーテンを選び、床につく丈にすることも重要です。先の**住まい方③**で触れたコールドドラフト現象による冷気の流れを押しとどめることができ、室内の熱を逃がしにくくなります。腰高窓であっても、床近くまで垂らすようにしましょう。どうしてもカーテンと床の間に隙間ができてしまう時はクッションで埋めてもOKです。

ほかにも、田辺新一教授が、隙間風防止のポイントを教えてくれました。

「電気のコンセントボックスからも隙間風が出ていることがあります。ボックスのネジのゆるみが原因ですから、しっかり締め直しましょう。窓や、玄関のドア下にあるわずかな隙間に貼ることのできる隙間対策テープも市販されているので活用してください」

隙間風が入ると体感温度がぐっと低くなるので、室内の「熱が逃げる場所」をチェックしましょう。

住まい方⑤……羽毛布団で＆マスクをして寝る

第１章の梼原町のルポでも書きましたが、スムーズに寝返りが打てないと睡眠の質が低下してしまいます。睡眠時の姿勢に詳しい16号整形外科の山田朱織医師によると、「寝返りは人が生きている上で欠かせない生理現象」とのこと。

「寝返りには血液やリンパ液などの体液を循環させる役割や、限られた部分だけ体温が高くならないような体温調節の役割があります。一晩で何回寝返りを打つのが最良なのか、未《いま》だ明らかではないのですが、健康な成人の場合、平均して20～30回の寝返りを打つといわれます。私が行った実験では体に痛みを起こす人は、寝返りが極端に少ない傾向にありました。寝返りを打ちやすい環境を整えてあげることが必要ですね。

特に冬は掛布団が重くなりがちなため、軽くて暖かい羽毛布団で、寝返りが打ちやすい環境を整えたいですね。伊香賀俊治教授は「寝る前に布団乾燥機の使用」を勧めます。

「布団、そして寝室を暖かくしておくこと。特に断熱性の低い住宅は、肺に冷たい空気が入ってしまうことで自律神経の交感神経を活性化させ、眠りを妨げる面があると思います。マスクをして寝ることで、多少は冷たさが和らぐかもしれません」

その日の疲れがとれるような睡眠環境を意識しましょう。

住まい方⑥……浴室、脱衣所、トイレは使用前に暖める

住まい方①で室温計の設置を挙げましたが、あなたの家は居間、廊下、脱衣所、浴室でどれくらい温度差があるでしょうか。特に脱衣所や浴室で体がブルブルッと震えてしまうような所があるなら、それは血圧が上昇する前触れですので、要注意ポイントです。

住宅内での事故死で多いのが「入浴中の死亡」であることは先に触れました。ヒート

ショックという言葉を耳にしたことがある人も多いでしょう。暖かい居室から脱衣所、浴室と室温が下がりやすい上に、入浴では服を脱ぐため、血管が収縮しやすいのです。

詳しくは本章の後半に記しますが、ポイントは「使用前に暖める」こと。浴室や脱衣所でも暖房機器を活用できるといいですね。もし暖房機能のついた浴室乾燥機があるなら、事前に暖房をかけておくといいでしょう。またトイレはヒーターを置いたり、暖房便座であれば不使用時もスイッチを切らないことでトイレ内を暖める効果があります。

住まい方⑦……適度に重ね着をして、首元を温める

一枚何かを羽織るだけで体感温度を上げることができるといわれています。廊下に出る時など室温が明らかに下がる場所に移動する時は、さっと羽織ることを習慣にしたいですね。

梼原町の脳ドックを解析している内田泰史医師は「寒い家に住む人は首元を冷やさないように」とアドバイスします。

「首を冷やすと自律神経に影響を与えます。特に入浴後は首元を冷やさないように気をつけてください。時には温泉に入ったり、入浴剤を使用して体を芯から温めるといいでしょう」

ですが、体や首を冷やしてはいけないからと、着こみすぎると動きにくくなってしまいま

す。健康を維持する上で、体を動かすことは欠かせませんが、住宅の断熱性を高めると、改修前と比べて室内での身体活動時間が明らかに増えることがわかっています。

それではここでクイズです。

Q7

断熱改修後、
どの年代も身体活動が
増加しましたが、
一番大きく増加したのは
どの年代でしょうか？

❶ 65歳未満男性
❷ 65歳未満女性
❸ 65歳以上男性
❹ 65歳以上女性

断熱はロコモや認知症の危険度を下げる

左の図表Dを見てください。正解は、③の65歳以上の男性で、断熱後には室内での活動時間が34・7分／日も増えました。そのほかの年代も、①65歳未満男性が22・8分、②65歳未満女性27分、④65歳以上女性33・9分と、活動時間が十分に多くなっています。

厚生労働省の「健康づくりのための身体活動基準２０１３」では世代共通の方向性として「現在の身体活動量を、少しでも増やす」ことを掲げています。つまり、断熱改修をすれば誰もが達成できるということ。また65歳以上では、毎日40分活動量を増やすことで、骨や関節、筋肉などの運動器の衰えが原因の「ロコモティブシンドローム」（通称ロコモ・運動器症候群）や「認知症」の危険度が21％低下するとされています。これについても住宅の改修をするだけで40分という目標にかなり到達しやすくなることがわかるでしょう。伊香賀俊治教授がこう言います。

「断熱改修して家の中が暖かくなると、知らず知らず室内での活動時間が長くなるんです。こたつ依存の生活から、こたつのいらないアクティブな生活になるのでしょう」

断熱改修によって活動量が増える、筋肉量が維持できる――。実は私はこの話を最初に聞

図表D　断熱改修をすると活動時間が増える

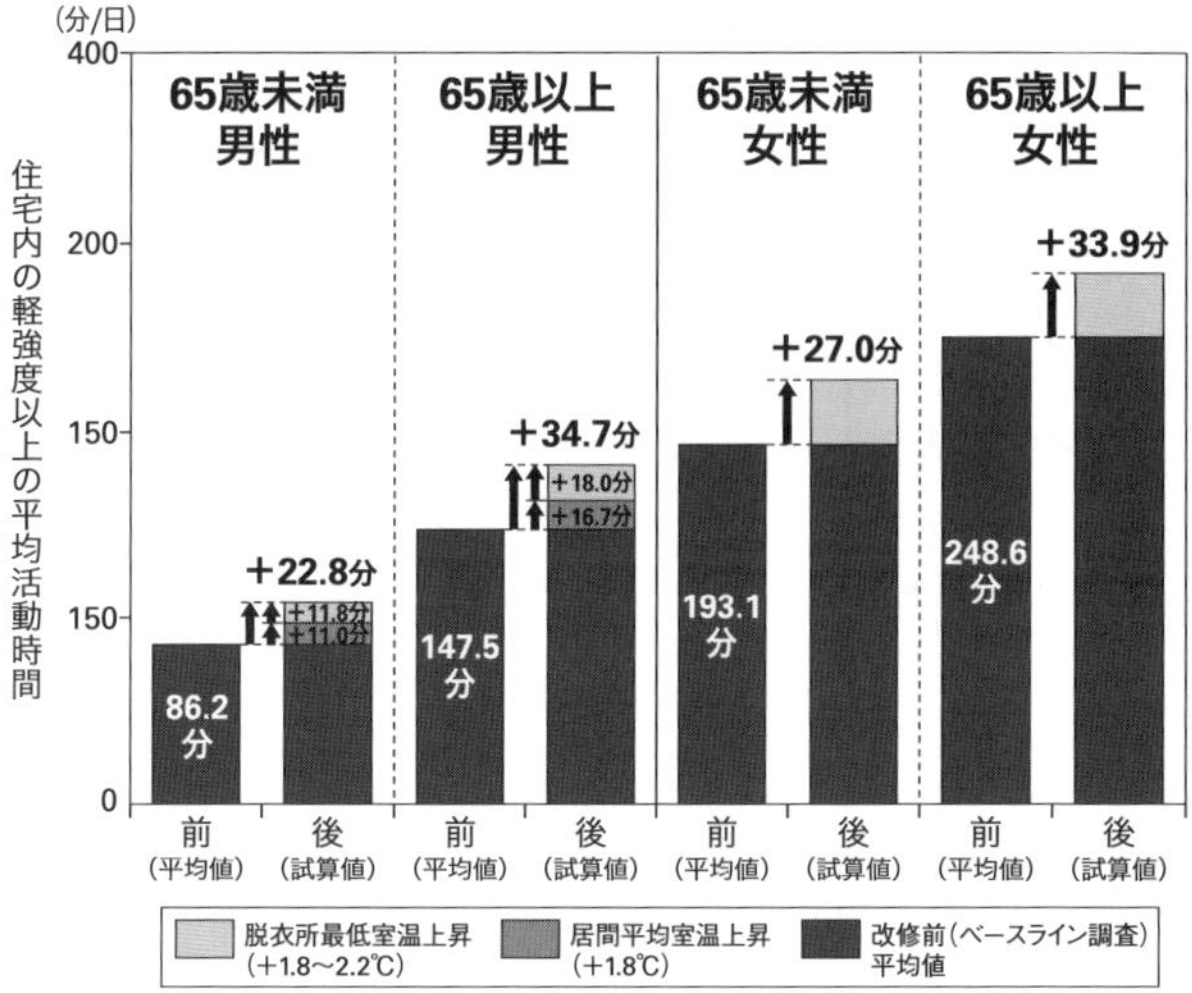

(出典) 国土交通省報道発表資料 (平成31年１月24日)

いた時、半信半疑でした。ただ、たしかに梼原町のモデル住宅を訪れると、動くことが億劫《おっくう》でなくなるのです。快適な室温空間を経験すると、それまでの自分がいかに寒さや暑さに身構えていたのか、そして、それによって動くことを避けるようになっていたかがわかります。

５年以内に注文住宅を建て、１年以上住んでいる１０００人を対象にしたアンケート調査で、冬場の住居への不満で多いのは、「暖房時に部屋が乾燥する」「床が冷たい」「脱衣室・浴室、トイレなどが寒い」「光熱費が高く感じる」などです。これらはすべて「住宅の断熱性」に原因があります。

繰り返しになりますが、冬は家の中の熱を外に逃さないこと、夏は冷房による涼しさを保つために外の熱を取り込まないこと、つまり外とつながっている「壁」や「窓」の対策をしっかりすることが大切なのです。

断熱性能の違いを体感してみたい人は、そういったモデルルームも各地で増えてきているので、ぜひ出かけてみてください。私は東京都新宿区にある「住まいＳｔｕｄｉｏ」に本書担当編集者の樋口健さんと行ってきました。ここでは年代別に冬の断熱性能を体感できる三つの部屋があります。

同じ室内でも7度の温度差が生まれる

三つの部屋に共通するシチュエーションは、「1月の朝6時頃、その時、東京の外気温は0度で、朝早く起きた居住者がリビングに20度の設定でエアコン（暖房）をつけた」というものです。住宅の断熱性能に違いがあっても、それぞれの部屋で使用されるエアコンは最新のものです。

まず一つ目の部屋は、「１９８０年（昭和55年）」の断熱基準（日本で初めて制定された住宅の省エネルギー基準）で造られたものです。私は〝昭和の家〟と名付けました。日本人の半数以上がこの断熱基準の家に住んでいるといっていいでしょう。

私がこの「住まいＳｔｕｄｉｏ」を訪れたのは、7月中旬の暑い日でしたが、このモデルルームは高性能の冷却装置によって冬場の外気温（0度）を再現しています。室内に入ると寒さは感じないものの、スリッパを脱ぐと床が「ひんやり」とした感触で、徐々に足の先が冷たくなってきます。手を頭上に上げ、それから膝下に下ろすと明らかに足元の空気が冷たいのがわかります。時間が経つごとに膝下の寒さを強く感じ、足踏みをせずにはいられません。

窓際にあるダイニングテーブルに腰掛けると、さらに足元が寒くなるのがわかりました。

「立っている分にはエアコンが空気を暖めて攪拌しているのでまだいいのですが、テーブルの下の冷たい空気はなかなか暖まりません。そうなると足元が冷えたままご飯を食べなくてはいけなくなります」（「住まいＳｔｕｄｉｏ」スタッフ）

窓からの冷気が部屋に流れ込む「コールドドラフト現象」について前述しましたが、それがこういった断熱性の低い家――当時の基準の断熱材（グラスウール50ミリ）を使用し、窓はアルミ製の単板ガラス――では起こるのです。赤外線放射温度計で床の温度を測定すると（次ページ**図表Ｅ**）、暖房を20度に設定しているにもかかわらず床中央が16・7度。窓付近の

図表E　同じ暖房設定でも室温はこんなに変わる

	暖房室（床中央）	暖房室（窓付近）	非暖房室	（暖房室と非暖房室）部屋間の温度差
昭和の家	16.7度	9.6度	6.6度	10.1度
平成の家	19.4度	13.2度	11.6度	7.8度
これからの家	21.8度	19.3度	16.5度	5.3度

※2020年7月10日「住まいStudio」取材時に筆者測定

床は9・6度でした。同じ室内なのに約7度も温度差があったのです。

サーモグラフィで見ると、温度が高い「赤や黄」はエアコンまわりや天井のみで、断熱性の低い壁、床、窓は温度が低い「青」ばかりでした。

「本当は上から下まで同じ色であってほしいのですが、人の足元がグリーンになっているでしょう。これは熱が（体内から）奪われている状態なんです」

続く別室の非暖房室はさらに温度が下がって6・6度。樋口さんも「寒いですね……」とつぶやきます。なんと暖房が入っている隣室と10度の差！　その先のトイレの部屋に入ると鳥肌が立ちました。特に高齢者はこのような急激な温度低下が、血圧の上昇などの体調不良を起こす原因になってしまいます。

換気口からも15%の熱が逃げていく

次に二つ目の部屋は、「2016年（平成28年）」改正の住宅省エネルギー基準で造られた〝平成の家〟。外気温が同じく0度の設定ですが、〝昭和の家〟と比べて空気がまろやかで、室内に足を踏み入れるとほっとしました。

床面温度は19・４度。昭和の家よりも室温が約３度上昇するだけで、これほど感覚が違うんだなと意外に思いました。窓もアルミでなく樹脂でコーティングされた複層ガラスのため、断熱性能が高まっています。窓付近の床は13・２度でした（〝昭和の家〟よりも約４度上昇しています）。サーモグラフィでも、青より黄や緑が増えてきていました。

けれども、ここには昭和の家にはなかった「換気口（給気口）」がありました。住宅の気密化が高まったことによる体調不良（シックハウス症候群など）を防止するため、２００３年施行の改正建築基準法で新築住宅への24時間換気の設置が義務化されたからです。換気口に手をかざすと、やはり冷たさを感じました。温度も換気口付近は６・６度です。

また、〝平成の家〟も隣接する非暖房室は11・６度で、寒さを感じました。まだまだＷＨＯが強く勧告した「18度」には遠いですね。

さあそして三つ目の部屋は〝これからの家〟。従来の省エネだけでなく、居住者の「健康」「快適性向上」を主目的とした高断熱の部屋なのです。

室内に入ると、たしかに床面がぐんと暖かく感じ、サーモグラフィでも青色の部分はほとんど見られません。昭和、平成の二つの部屋と比べて、エアコン設定温度が同じなのにここまで違うのかと驚かされます。床中央は21・8度、窓付近の床も19・3度、換気口付近は19・4度でした。平成の家で冷たさを感じた「換気口」からは、冬場に15％の熱が逃げるとされます。なぜこれからの家の換気口付近では温度が低下しないかというと、ここでは「熱交換換気システム」という特別な換気システムを使用しているのです。一般的な24時間換気システムは外の空気をそのまま取り入れます。熱交換換気システムは外からの空気をただ室内に入れるのではなく、寒い冬は排出する空気から熱を移動して暖め、暑い夏は外気の熱をとってから室内に取り込むシステムです。そのため換気による室温変化が少なく、また熱が逃げにくいのでエアコンの効きもよくなります。エアコンが効くということは、光熱費も安くなるということです。

「室内の温度にばらつきがないでしょう。サーモグラフィで見ても人体に黄緑色が出ていない。周辺も暖かい赤を示すものばかりで、熱が奪われていないということです。だから〝快適〟だと感じます。高齢者がいるご家族は『これならスリッパを履かなくていいわね』とおっしゃいますよ。スリッパを履くと転びやすくなりますからね」（同スタッフ）

非暖房室も16・5度です。部屋間の温度差が〝昭和の家〟は10・1度、〝平成の家〟は

7・8度、そして〝これからの家〟は5・3度でした。壁がなければ室内全体が容易に暖かくなることが想像できました。

でも、ここで疑問がわきます。今回は三つの部屋のエアコン暖房はどこも20度に設定されていましたが、〝昭和の家〟であっても、暖房を強くすれば、部屋全体が暖かくなるのではないでしょうか？

図表F　室内の熱はどこから逃げていくか

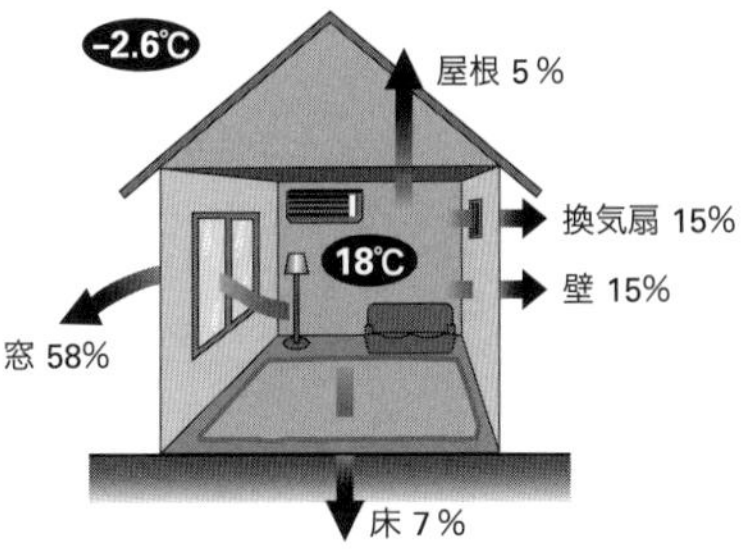

(出典) (一社) 日本建材・住宅設備産業協会省エネルギー建材普及促進センターの資料を基に編集部作成

「断熱性の低い部屋では、たとえ暖房の温度設定を上げたとしても室内全体が暖まりにくいのです。暖められた空気は部屋の上部に集まって上に〝熱だまり〟ができます。圧力が増して気密性がないために隙間から外に漏れでてしまいます。そして漏れた分だけ部屋の下部（床まわり）の隙間から冷気が入ってくる仕組みなんです」（同スタッフ）

家の中の温度を快適に保つには冷暖房にたくさんのエネルギーを使うのではなく、家の開口部の断熱性を高めることが大切です。上の**図表F**のように、冬場は窓から58％、換気口から15％の熱が逃げていくのですから、ここを遮断するとぐっと暖かくなるでしょう。

「住まいＳｔｕｄｉｏ」では各部屋の窓を外側から見ることができます。外気0度という寒い空間の中で、それぞれの窓に触れて一番暖かく感じるのは〝昭和の家〟だったのです。なぜだかおわかりでしょうか。それほど室内の熱が窓から逃げている、ということです。

ＵＡ値を答えられない業者は論外である

実は国内の大半の家は、この〝昭和の家〟と同じ状態に陥っている可能性が高いのです。

専門的な話になりますが、住宅の断熱性能を表す「ＵＡ値」という指標があります。数値が小さいほど性能が高い（保温性がある）ことを表します。２０２１年からは新築住宅のＵＡ値を建て主に説明することが義務化されます。岩前篤教授は「これから家を購入する予定の人は、ハウスメーカーや工務店に『ＵＡ値はいくつですか』と尋ねるといい」と勧めます。

「そこで数値を答えられない場合は論外ですが、基準は満たしていますなどという曖昧な返答にも気をつけたいですね。欧米では0・3が平均的ですから（左の**図表Ｇ**）、日本でも本当は0・6以下を目指したいです。それぐらい断熱性があると、真冬に暖房がなくても住宅

図表G　日本と欧州の住宅断熱基準の違い

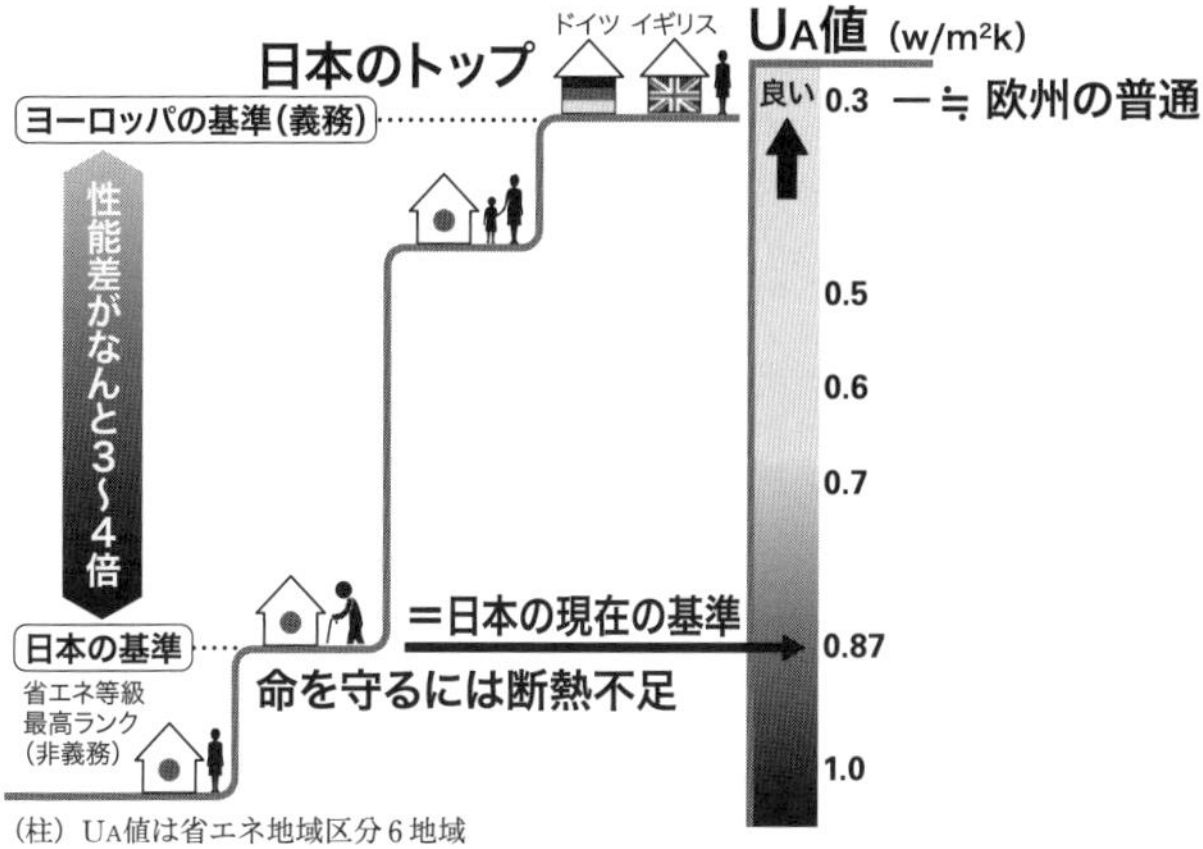

（注）UA値は省エネ地域区分6地域

（出典）ロングライフ・ラボ代表理事　清水雅彦氏（一級建築士）の資料を基に編集部作成

内が10度を切ることは滅多にないでしょう」

2016年改正の住宅省エネルギー基準はＵＡ値0・87（温暖な地域の基準）。しかし2015年の国土交通省の発表によるとＵＡ値が0・87以下を満たしているのは、既存の住宅でわずか5％なのです。つまり〝平成の家〟レベルに達しているのは、国内の5％だけだということになります。これでは真冬に室内で10度を切るスペースが出ても不思議ではないでしょう。実は〝平成の家〟でも、冬場であれば、就寝前の室温が20度であっても、朝は10度以下に下がっているのが普通なのです。

さて断熱性能を表す「ＵＡ値」と、もう一つみなさんに知っておいてほしい指標が住宅の気密性を示す「Ｃ値」です。気密性といわれると難しく感じますが、住宅の〝隙間〟と考えるとわかりやすいでしょう。家は隙間があるほど外気が入ってくるわけですから寒くなりますし、エアコンの暖房・冷房の効きが悪くなってしまいますよね。ですからこちらも数値が小さいほど性能が高いことを表します。

そして一般的にＵＡ値（断熱性能）は、壁や床にどういう断熱材を使うかで算出できるものです。つまり設計の段階で担保できるということです。しかしＣ値に関しては「施工の丁寧さ」も関わってくるので、その家ごとの点検が必要になります。メーカーによっては、あらかじめＣ値を保証し、建設後その保証値に達しなかった場合、施工をやり直すこともあるそうです。これから家を購入する人は、ぜひＵＡ値とＣ値を意識してください。

断熱気密性が高い住宅ほどエアコンの効きがよくなり、年間の光熱費削減になります。

「住まいＳｔｕｄｉｏ」による試算では、同じ設定条件であっても、断熱気密性が高い家の年間暖房費は約１・１万円で済むのに対し、断熱気密性の低い家では約４・６万円もかかるとのことです。また別の調査でも断熱リフォームすると年間の冷暖房費が最大で約30％下げられるという報告もあります。

寒さ対策は「服」ではなく「家」でやるべき

それでは新築ではない、既存住宅でできる断熱について考えてみましょう。

まず費用面ですが、現在自分が住む住宅に１００万円程度のお金をかけて断熱リフォームをした場合、その工事費は何年で回収できると思いますか。

実はこのような研究があります。次ページの**図表H**を見てください。この報告によると、断熱リフォームによって削減できた光熱費の観点で考えると、29年で１００万円の工事費が回収できます（A線）。しかし寒い家に住むことによって高血圧症などの病気を発症して治療を受けたり、仕事を休んだりといったマイナス要素がない、健康を維持できるという面も加味すれば16年でモトがとれます（B線）。さらに健康保険からの公的な医療費負担を加算すれば、なんと11年で１００万円の工事費が回収できると報告されています（C線）。

岩前篤教授は力を込めてこう言います。

「日本では平均寿命と、自立して生活できる健康寿命の差が拡大し、事態は深刻です。皆がもっと健康にならないといけない。不健康になるほど次の世代にとって医療費や介護の負担が大きくなるのです。住まいは重要なのに、そこに対してあまりにも手が打たれていない。

図表H　100万円の断熱工事費は何年で回収できるか

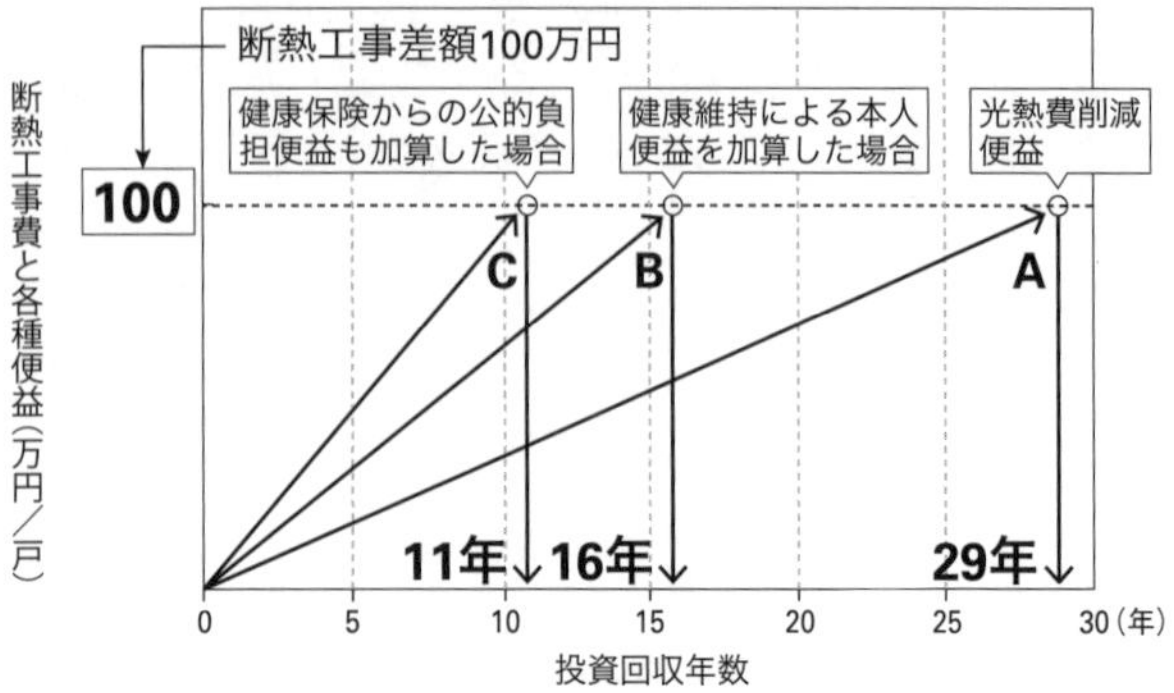

光熱費削減だけでは29年、健康維持の本人便益を加算すれば16年、健康保険からの公的負担も加算すれば11年で断熱工事費100万円／戸を回収できる

（出典）伊香賀俊治ほか：健康維持がもたらす間接的便益（NEB）を考慮した住宅断熱の投資評価、日本建築学会環境系論文集 Vol.76, No.666, pp.735-740, 2011年８月

『寒さが健康の障害になる』ことは一般の常識ではないでしょう。それが問題の大本《おおもと》にあると思います。寒さ対策を家でするのか服でするのかと考えた時、我々日本人は服を選んだということです。それが健康問題として諸外国と比べ、かなりの差を生み出してしまいました」

断熱にかけた工事費はいつの日か、必ず回収できるでしょう。しかし、お金、特に「光熱費が安くなるから」という理由で断熱リフォームに踏み切るのは、私は個人的にあまりお勧めできません。お金だけを理由にしてしまうと、たとえば窓を交換した時に、「使える窓なのに変えてしまった」という罪悪感が残るかもしれません。それよりは、「寝室が寒いと睡眠の質が低下したり風邪をひきやすくなったりする」「リビングが寒ければこたつ生活になってしまう」「脱衣所が寒ければ冬に服を脱ぐ時に鳥肌が立つ」といった明らかな負の側面を、自分にとって健康で快適な環境に変えることをモチベーションにしたほうが後悔のないリフォームになると思います。

部屋を決めて断熱リフォームしてもよい

たとえば岩前篤教授は以前、マンション最上階の角部屋に住んでいたそうですが、寝室が５度を下回る日も珍しくなく、朝に布団から出るのがつらかったそうです。風邪もひきやすかったと言います。

「それが断熱をしっかりすると、10度を下回る日がなくなりました。朝、目が覚めてすぐに起き上がって行動に移せますし、風邪もひかなくなりましたね」

星旦二医師も、大手ハウスメーカーに戸建ての建築を依頼したそうですが、冬季の寝室室温が６・４度だったとのこと。

「さらに築５年で結露とカビが生えました。医者がだまされた家づくりですよ」と、苦笑します。星医師も断熱リフォームをすると、やはり如実に効果が表れました。

「引っ越して2カ月程度で妻の収縮期血圧が１７０㎜Hgから平均１３０㎜Hgに低下しました。夜中もトイレで起きることがなくなりましたし、熟睡できるようになりましたよ」

しかし家全体に断熱リフォームを行うと１０００万円を超える場合もあります。台所や風呂、洗面所など、場所を絞れば２００万円程度に抑えられるでしょう。省エネの観点から補助制度を設けている自治体も多く、国の「長期優良住宅化リフォーム推進事業」では条件が合えばリフォーム費用の３分の１（最大３００万円）の補助を受けられます。ぜひお住まいの自治体で補助がないか調べてください。

そして、睡眠や日中の過ごしやすさ、生活習慣病の改善など、あなたの目的はどこにあるのかを明確にし、それによってリフォームをする場所を考えるといいでしょう。

先ほど、「１００万円の断熱工事費」が最短で11年で回収できると述べました。ただ、１００万円であれば、それほど多くの場所を断熱リフォームすることはできません。確実な効果を出せるとすると、「窓」と「床」。窓はモノによりますが、内窓を付けると1カ所5万円程度。一戸建てで窓が20カ所あればそれだけで１００万に達してしまいます。たとえば寝室の窓と床、もしくは日中過ごすことの多い部屋の窓と床というように、ターゲットの部屋を決めると、ピンポイントでも効果が実感しやすいでしょう。

直射日光の価値は３００万円以上もある場合も

　ところで窓から熱が逃げるなら、窓を小さく、または閉鎖すればいいと思うでしょうか？今泉太爾氏は「推奨しない」と言います。

「私は窓を少なくしたり小さくして断熱性能の基準をクリアすることは推奨しておりません。というのは、取り込む光の量が落ちた分だけ生活の質や資産価値が落ちるからです。たとえば私の住む浦安では南道路は北道路の土地と比較して、約１〜２割（３０００万円の土地だと３００万〜６００万円ほど）価格が高くなります。これは、冬に建物の１階に直射日光が当たるかどうかの差。言い換えると、冬季の直射日光の価値は３００万〜６００万円あるとも考えられます。ですので、ＵＡ値基準（断熱性能）をよくするために窓面積を小さくし、太陽光を取り込む可能性を狭める行為は、土地の無駄使いだと考えています」

　またエネルギー的にも日射熱が減る分、断熱性能を上げた分も相殺されてしまいます。ちょっと頭が混乱しそうですが、窓は「部屋を暖める」上で大きく貢献もするということですね。「夏」以外であれば、窓から入る日光から受ける恩恵は大きいといえるでしょう。

　もう一つ、「住宅への満足度」にも窓の大きさが関わります。田辺新一教授が解説してくれました。

「秋から冬にかけて日照時間が極端に短くなる北欧では、住宅の窓を大きくとって室内に光を取り入れる工夫をしています。一方で最近の日本の住宅は外部の騒音やプライバシーの確保、高断熱化を優先するために窓が極端に小さい住宅、少ない住宅を見かけます。しかし、日本建築学会の調査によると、居住者は窓が大きいほど住宅への満足度が高くなることがわかっています」

田辺教授に住宅選びやリフォームの際に参考になる、住まいの「採光力」の指標を聞きました。「窓の面積の合計」÷「床面積」×１００で、おおよその採光力（＝単純開口率）が出ます。この数字が戸建てが20％、マンションは15％を下回ると窓が少ないと考えられるでしょう。両端が隣の住戸に接するマンションは窓が両端にしかなく、値が小さくなります。

「注意が必要なのは、たとえ開口率が高くても、前面に高いビルや家ができてしまえば採光に有効な面積となりません。特に商業地域に建設されるマンションは容積率の最高限度が高く、加えて建築基準法の日陰規制が適用されないため高層建築が建てられやすいのです。商業地域に建つマンションを購入する場合は、周囲の状況を見てよく検討しましょう」

またリフォームで窓を取り替える際は部屋の目的も考慮して選択したいですね。

窓にはさまざまな形や開閉方法があります。

たとえば、

・引き違い窓（窓が左右に動く一般的な窓）――リビングなど明るく風通しをよくしたい場所に

・ルーバー窓（ハンドル操作でガラスの羽が開閉する）――キッチンやトイレなど臭いや煙がこもりやすい所に向いている

・天窓（屋根部分につけられる窓）――通常の窓と比べて3倍の採光があるとされるので明るくしたい場所に

・上げ下げ窓（開閉のしやすい窓）――デザインのアクセントに。開け閉めしやすいので子ども部屋にもOK

などが挙げられます。断熱性を高めるために窓を取り替える場合は、その造りやデザインも考慮したいですね。

本章の前半でも記しましたが、断熱性を高めるためには、今ある窓に「内窓」をプラスする方法と、「高性能の窓」に取り替える方法の二つがあります。窓ガラスはかつては「住まいＳｔｕｄｉｏ」の〝昭和の家〟のように、フレームに「アルミ」が使われていましたが、徐々に〝平成の家〟で紹介した「樹脂」が使われるようになりました。最近ではフレームの外側に耐久性の優れたアルミを使用し、フレームの内側（家側）を樹脂で構成する「ハイブリッド構造」の窓が主流です。さらにガラスを複数枚使う樹脂窓も登場したので、いろいろ比較してみてください。

リフォームしなくても〝知恵〟で断熱できる

そして床について。古い住宅ではグラスウールという断熱材を使用していることが多いのですが、それをウレタンに替えると断熱性能がぐっとアップします。グラスウールは〝わたあめ〟のような隙間があり、そこから外気が流れ込んできやすいのです。ウレタンを使うと、その隙間をコンクリートのようにぴったり埋めることができ、気密性が高まります。

先に述べたように、断熱リフォームする際は、まず窓を優先し、次に冷えが気になる部屋の床をやるとよいでしょう。
と、紹介しつつも、実はリフォームって本当にキリがないという思いもあるんです。上限を決めておかないと、いろんなことが気になってしまうかもしれません。リフォームによって健康効果が高い場所は検討する。それ以外の場所は、本書にちりばめた〝知恵〟で乗り切るのもいいでしょう。たとえば床まではリフォームできない場合も、カーペットと床との間にアルミシートを挟むと、床下からの冷えを和らげることができます。

実は第１章で紹介した椿原町の方たちも、住宅改修はハードルが高いと感じる人が少なくありませんでした。そのため、窓への断熱シート・目張りの取り付け、着衣による防寒対策、夜間の転倒防止に向けた常備灯の設置、体への負担の少ない風呂の入り方などの〝知恵〟をうまく使って対策している方もいらっしゃいました。

自宅の死亡事故の４割がお風呂で起きている

さてここからは、住宅内で死亡する原因の最多を占める「入浴中の死亡」について取り上げます。消費者庁が厚生労働省の統計をもとに高齢者が自宅で不慮の事故で死亡したケースを分析したところ、２０１８年には全体の４割近い５０７２人が「浴槽における溺死」でした。一日の疲れを癒すはずの場所で命を落とすとは恐ろしいです。

入浴中の死亡は、大きく二つの要因が指摘されています。

一つは血圧の乱高下によって心筋梗塞などが起きる、いわゆる「ヒートショック」です。家と健康について研究を重ねてきた循環器医の堺浩之医師（さかい医院院長）が説明してくれました。

「暖房の効いたリビングなどと比べ、廊下、脱衣所、浴室の室温はどんどん下がっていきます。そしてお風呂に入る時は服を脱ぐので体から熱が逃げないように血管がキューッと縮こまります。寒い時には体が震えることがありますが、それは体が熱を作るためにやっていること。その時、体内ではものすごい勢いで血圧が跳《は》ね上がっています。そして浴槽内で体が温まると、今度は血管が拡張して血圧が急激に低下します。

　そのように血圧が激しく上下することで、心筋梗塞や脳卒中などの危険性が高まります。一過性の意識障害から、転倒や溺死につながることもあるんです」

湯につかっている時に意識を失うと、そのまま死に至るケースが多いそうです。気持ちよく、スーッと意識が失われていくため、「自分で助けを呼べない状態」に陥りやすいということです。

　もう一つの、入浴中の死亡の原因は、冷えた体を温めようと長く風呂につかり、「熱中症」になってしまうケースです。実は近年、こちらのリスクのほうが高いことがわかってきました。伊香賀俊治教授によると「たとえ居間を暖房によって暖かくしていても、脱衣所や廊下が寒い家に住む人は、熱いお湯に長くつかる入浴習慣の人が多い。それによって入浴中に体温が上がりすぎ、意識レベルが低下してしまいます」とのこと。冬なのに熱中症というと、違和感がありますが、要するに〝のぼせ〟てしまうんですね。入浴中に体温が上昇して水分も失われ、意識レベルが低下、そして入浴事故につながるのです。

ヒートショックを防ぐ対策としては、温度変化を少なくすることです。再び堺浩之医師に教えてもらいました。

「まず浴室内の温度を上げること。湯船にお湯をためる時にはふたをせずに暖かい湯気が上がるようにする、タイル張りの壁面であればシャワーでお湯をかけたり、浴室内で下着を脱ぐ、あらかじめ浴室の床にシャワーでお湯をかけておくという方法があります。床が冷たい場合は、マットやすのこを設置したいですね」

浴室での熱中症を防止するには、お湯は41度以下にして、つかるのも「10分以内」を目安にすることが大切。寒い時期、長湯は気持ちよくなりますが厳禁ですよ。首までつかるのもＮＧ。そして転倒を防ぐため、浴槽からはゆっくり立ち上がりましょう。入浴前後の水分補給も忘れずに。薬の服用後や飲酒後の入浴は避けてください。家族がいるなら入浴前に一声かけておくと安心ですね。

また浴室に窓がある場合は、どの部屋よりも最初に内窓をつけたいところです。単板ガラスであれば、複層ガラスを設置することで、ぐんと暖かい浴室になるでしょう。

Q6の正解→④58%

Q7の正解→③65歳以上男性

第4章

高齢者こそ「夏の断熱」を徹底せよ

Q8

**夏に、
窓から熱が入る割合は
何%でしょうか?**

❶ 13%
❷ 33%
❸ 53%
❹ 73%
❺ 83%

熱中症の4割は「住居内」で起こっている

さて本章では暑い夏に、熱中症を防ぐという観点から住まいを考えてみましょう。

早速クイズです。冬は、窓から室内の熱が58％逃げていくと紹介しましたが、夏に窓から熱が入ってくる割合は何％でしょうか？

図表1　室内の熱はどこから入ってくるか

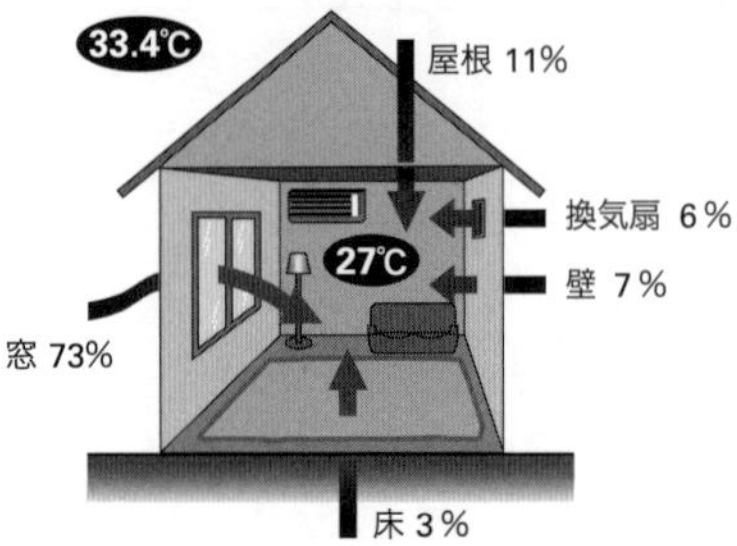

（出典）（一社）日本建材・住宅設備産業協会省エネルギー建材普及促進センターの資料を基に編集部作成

正解は……④の73％です。

上の**図表1**を見ていただくとわかるように、夏は窓からたくさんの熱が入ってくるんですね。しかしこれは、窓からの熱をシャットアウトすることができれば、エアコンの効きが圧倒的によくなり、涼しい住まいを実現できるということです。

熱中症にかかる人は増える傾向にあります。近年、熱中症によって救急搬送されたのは2017年は約5万3000人、18年は約9万5000人、19年は約7万1000人でした。そして熱中症の発生場所は、意外にも屋外ではなく、毎年住居内がトップで4割近くを占めています。

そもそも熱中症とはどのような状態を指すのでしょうか。

熱中症とは、暑い環境下で体温が上昇して脱水状態になり、熱けいれんや熱失神などの症状が現れ、重症化すると死に至る健康障害を総称します。熱中症に詳しい帝京大学病院高度救命救急センター長の三宅康史医師が、熱中症には主に二つのパターンがあると解説してくれました。

「熱中症には、元気な人が暑い中でのスポーツや仕事によって体調不良に陥る『労作性熱中症』と、熱波に包まれた環境（室内）で過ごすことによる『古典的熱中症』があります。

労作性熱中症は応急処置をすればすぐによくなって、翌日には現場復帰できます。問題なのは高齢者による古典的熱中症。数としてもこちらが圧倒的に多い。熱中症だけではなく、暑さによって持病が悪化したり、低栄養、脱水、さらには感染症の合併などを起こして、命に関わることも少なくありません。近年は高齢者が誰からもケアを受けないまま一人暮らしをしているケースが多く、冬よりも〝暑くなりすぎた夏〟を乗り越えられなくなっている印象を受けています。人付き合いがなく孤立してしまったり、ゴミ屋敷に住んでいるパターンも要注意でしょう」

高齢者が熱中症にかかるのは原因として在宅時間が長い、エアコンが苦手、暑さを感じにくい、持病で体が弱っていることなどが考えられます。

室温28度&湿度70%以上――これが屋内熱中症の警戒ラインといえるでしょう。室内で活発に動いていなくても、これを上回る温度、湿度になると高齢者に限らず熱中症に注意が必要です。

人にとって快適な環境を研究してきた東京大学名誉教授の加藤信介氏（ペアベール　建築環境研究所）はこう話します。

「室温28度だと多くの人が汗をかいています。たとえ暑いと思っていなくても発汗は体にストレスがかかっている状況で、疲労感が増します。夏場なら涼しい格好で室温25～27度を保つことが、多くの人が汗をかかずに快適と感じる、つまり自律神経に負担がかからない環境です。湿度は夏場なら60%以上になることもよくありますが、本来50%前後に抑えたいところですね。

室温と湿度がともに高いと、体からの水分蒸発がしにくくなり放熱できません。まず室温に気を配り、次に湿度を下げることです」

高齢になると暑さを感じるセンサーが鈍くなる

実は屋内での熱中症予防に関する世界的なガイドラインはありません。ただ国内では日本生気象学会が「日常生活における熱中症予防指針」を、また日本救急医学会も「新型コロナウイルス感染症の流行を踏まえた熱中症予防に関する提言」を発表しています。それらを踏まえ、伊香賀俊治教授が温湿度基準と注意事項を次ページの**図表Ｊ**にまとめてくれました。温度と湿度がどのような組み合わせになると、どの程度危ないのかがわかりやすく記されています。各部屋に室温計を設置し、この表を見ながら今が熱中症を発症しやすい温湿度でないか、日々確認する習慣をつけましょう。

特に加齢にともなって暑さに鈍くなるので高齢者は注意してください。街中を観察すると若者が半袖でいるのに、高齢者は長袖で歩く光景を目にすることが少なくありません。なぜ年を取ると暑さを感じないのでしょうか。実は暑さは脳が感じますが、一番早く温度情報を伝えるのは皮膚センサーで、高齢になるとそのセンサーの〝感度〟が鈍くなってしまうのです。熱中症と発汗に詳しい大阪国際大学スポーツ行動学科の井上芳光教授はこう話します。

「皮膚センサーで暑さに反応しなければ、脳も暑さを感じず、汗をかいて体熱を逃がそうと

図表J　日常生活における熱中症予防指針と室温・湿度の目安

温度基準	注意すべき生活行動の目安	注意事項	室温と相対湿度の例
危険　31度以上	すべての生活活動でおこる危険性	高齢者においては安静状態でも発症する危険性が大きい	28度100%以上、30度85%以上、32度70%以上、34度60%以上
厳重警戒　28〜31度	すべての生活活動でおこる危険性	外出時は炎天下を避け、室内では室温の上昇に注意する	26度90%以上、28度75%以上、30度65%以上
警戒　25〜28度	中等度以上の生活活動でおこる危険性	激しい運動や作業をする際は定期的に十分に休息を取り入れる	26度70%以上、28度55%以上、30度45%以上
注意　25度未満	強い生活活動でおこる危険性	危険性は少ないが激しい運動や重労働時に注意	26度70%未満、28度55%未満、30度45%未満

（出典）日本生気象学会「日常生活における熱中症予防指針Ver.3確定版2013」より伊香賀俊治教授が改変

いう発汗反応（自律神経）も働きませんし、本人がエアコンを入れることもないでしょう。私が行った研究では、若者がいる部屋と比べて、高齢者がいる室内の温度は真夏の日中に平均2度高い傾向にありました」

水分は1日8回、決まった時間にとる

三宅康史医師は「一人暮らしの高齢者には誰かが電話をかけ、エアコンのスイッチを入れさせてあげてほしい」と呼びかけます。

「子どもや孫が電話をかけ、『今テレビの横の温湿度計は何度になっている？』と聞くんです。『32度だけど、暑くないから窓を開けてる』などと言われたら、『窓を閉めてエアコンつけてくれる？』とその場でエアコンを入れてもらってください。それで『２時間後にまた電話をかけるから』と伝える。そういうことを毎日やってあげると、だんだん自分で温湿度計を確認し、スイッチを入れてくれるようになります」

室内環境にプラスして、自分自身の体調チェックも忘れずに行うことが必要です。

「毎日決まった時間に体温、血圧、脈拍、体重を測ることで、熱中症などによる体調変化に気づきやすくなります」と三宅康史医師。

「家族と一緒に住んでいれば最近元気がない、食欲がない、朝起きる時間が遅くなったと気づくけれど、一人暮らしや老老介護の場合、体調の異変に気づきにくいので遠くに住んでいる家族が気にかけてあげてください」

健康な若い人でも、寝不足や二日酔い、下痢時には熱中症リスクが高まるので気をつけましょう。

水分摂取も、その量よりは夏は「決めた時間」に飲むことです。起床後、朝食時、午前10時、昼食時、午後3時、夕食時、入浴前後、就寝前など、1日8回を目安にしましょう。年齢を重ねると暑さに鈍くなるのと同じように、のどの渇きも感じにくくなります。繰り返しになりますが、対策は自身の感覚よりも、「時間」や「数値」で管理したほうがいいのです。

マンションは「夜の暑さ」にも気をつける

それではここから、住居のタイプによる暑さの注意点を取り上げます。これまで伊香賀俊治教授はさまざまな家を訪問し、どういった住宅が熱中症を起こしやすいか調査してきました。日々暮らす自分の家が原因で健康を害することのないように、重要なポイントを押さえておきましょう。

マンション住まいの人は「夜」に注意が必要です。

「多摩ニュータウンでの調査でわかったのですが、鉄筋コンクリートマンションは暑い時間が長く続くんです。厚さ10～20センチのコンクリートの屋根や外壁が日中に熱をためこみ、それから5～10時間遅れて室内にじわじわ入ってくる。そのため朝まで暑さが続くのです」

マンションなどの集合住宅では、その「居住階」によって「熱中度の重症度」が変わってくるというデータもあります。

これをクイズにしてみました。

Q9

熱中症はマンションの
どこに住む人が
重症化しやすいでしょうか。

❶1階
❷中間階
❸最上階

熱中症患者の９割がエアコンを使っていない

正解は③。何階建てなのかは関係なく、屋根の直下である「最上階」は熱中症が重症化しやすいのです。

「最上階の天井は夏の強烈な日射を吸収し、焼けるように熱くなってしまいます。中間階と比べ、最上階は全時間帯プラス１度高くなるのです。２階建てマンションの２階に住む学生の部屋で、日中に天井の温度を測ると40度を超えていました。室温が高くなると体温調節機能がうまく働かなくなり、高熱が出て熱中症になります。救急搬送される人のうち、最上階では体温40度以上で搬送される人も少なくありません。次ページの**図表K**を見ていただくとわかるように、実に９割が入院を余儀なくされる状況です」

戸建てでも上の階が暑くなりやすいですから、状況が許せば夏は１階で過ごすほうがいいでしょう。特に木造戸建て住宅の場合は熱をためこむ材料がほとんどなく、外気温に合わせて室温が上がりやすいので、外が暑い〝昼〟に気をつけたほうがいいでしょう。

伊香賀俊治教授が調査したところ、外気温が36度まで上昇した日、木造戸建て住宅内の室温は日中33度まで上がりましたが、０時前に30度を切り、翌朝は28・５度まで下がっていま

図表K　集合住宅の住戸位置と熱中症の重症度

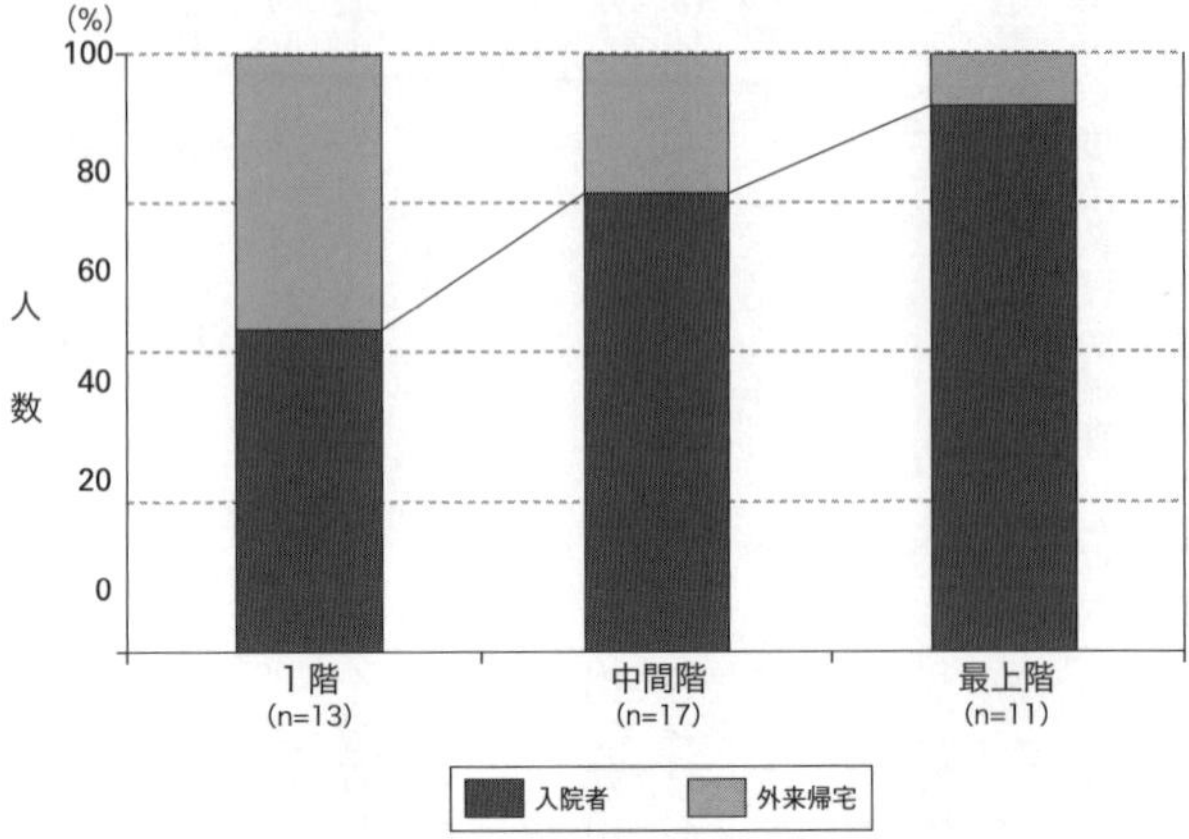

（出典）日本救急医学会「熱中症データベース」を慶應義塾大学伊香賀研究室が分析

した。一方で、同じ日の夜、マンションは30度を切ることがありませんでした。つまりマンションに比べれば、戸建ての夜はわずかながら暑さが和らぐということです（とはいえ28度も熱中症危険ゾーンです。就寝中の対策については後述します）。

　戸建てでもマンションでも、日中は冷房を25〜27度に設定してください。ここで電気代がもったいないからと、冷房を止めたり、設定温度を上げたりするのは熱中症対策の観点からは厳禁です。日本救急医学会などがまとめた「熱中症データベース」によると、住宅内で熱中症を発症した患者のうち約9割がエアコンを停止中もしくは、そもそもエアコンを設置していなかったとのことです。

また、エアコンの冷房は設定温度にするまでの時間が最も電気代がかかるため、こまめにスイッチをオン・オフするとかえって光熱費がかさむことがあります。30分程度の外出で、特に外気温と設定温度との差が大きい時は〝つけっぱなし〟のほうが室内温度を保つのにパワーがかからず、結果的に電気代が抑えられます。ちなみに室温と湿度の両方を下げたい時も、冷房運転が効率的です。エアコンは除湿運転をすると電力消費が大きくなります。弱冷房のほうが除湿とほぼ同じ効果を発揮し、電気代が安くなることは意外に知られていないようです。

部屋を冷やしてからエアコンを切って寝るのはダメ

悩ましいのは熱帯夜ですね。前出の「熱中症データベース」で住宅内の熱中症発生場所をみると、「居間・リビング」39％に続き、「寝室・就寝中」が32％と多いのです。最近は気温が低くなるはずの深夜から明け方にかけて起きる「夜間熱中症」が増えています。就寝中は本人が症状に気づきにくく、命を落とす危険が高まります。一層の注意が必要なのです。

数年前まで私は夕食後にエアコンの冷房で室内をキンキンに冷やし、就寝直前に冷房を切り、窓を全開にして寝るようにしていました。そのやり方はどうかと伊香賀教授に尋ねると、

「全然ダメですね」と言われてしまいました。

「気温が30度以上あった日の夜は、壁や家具が昼にためこんだ熱を放つので、エアコンを切った途端、室温が上昇し続けます。風が直接体に当たらないように気をつけながら一晩中、弱い冷房をかけ続けてください」

伊香賀俊治教授が多摩ニュータウンに住む高齢者50人の就寝中の環境と、脱水率や体温（精度の高い舌下温）を調べたところ、扇風機使用や窓開けのみで寝ている人は、日本生気象学会の熱中症予防指針による「注意」「警戒」「厳重警戒」「危険」の区分けのうち、「厳重警戒」の環境下であることがわかったのです。熱帯夜に扇風機使用や窓開けのみで対処するのはやめましょう。

「扇風機の風を体に当てても多少体温を下げる効果はありますが、室温自体が下がるわけではありません。また扇風機の風が皮膚に当たると、そこが局所的に冷えたり、汗の蒸発が進んで体の熱が奪われてしまう。別の面で体への悪影響があり、睡眠の質も確実に低下します」

加藤信介氏もこう補足します。

「特に裸で20分30分と、ある程度の風力が当たり続けるのは、どんな状況であってもよくありません。風に当たりたいなら肌着やパジャマなどを着ることが必須です」

扇風機の使用は就寝前までにして、エアコンと併用して部屋全体の室温や湿度を均一にするような使い方がいいでしょう。

タイマーは睡眠前半に3時間以上セットする

図表L　一晩中、冷房を入れたほうがぐっすり眠れる

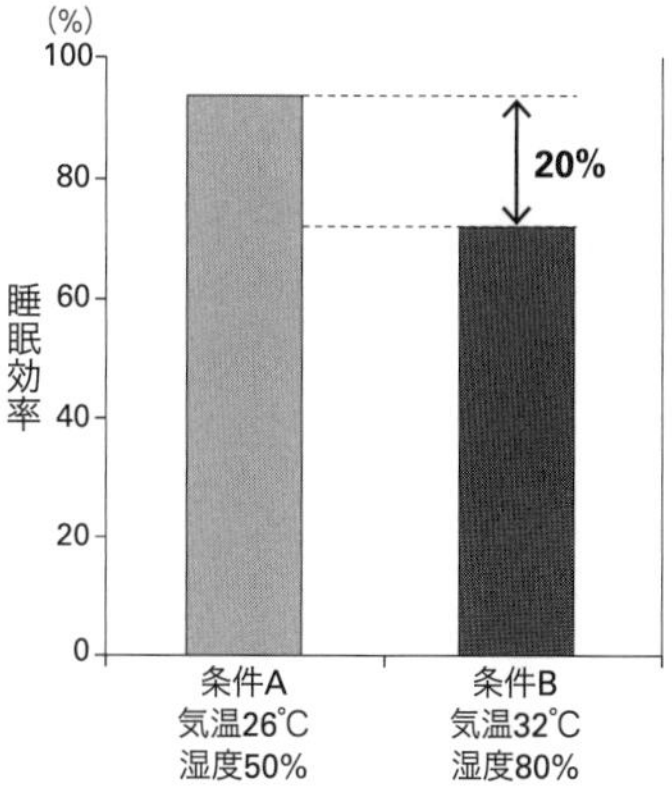

（出典）都築和代、温熱環境と睡眠、日本生気象学会雑誌、50 (4)、125-134、2014年

それでは健康的な睡眠をとるためには、どのようにエアコンを使用するといいのでしょうか。

上の**図表L**は、国内で睡眠調査を行う都築和代教授による研究です。「一晩中冷房を入れる」と「一晩中冷房を入れない」で比較すると、睡眠効率（睡眠中にどれだけ実際睡眠がとれていたかを表す指標・熟睡感）に20％の差が出ました。やはり、エアコンを使うことは大前提といえるでしょう。

とはいってもエアコンの風が苦手な人が多いですよね。今泉太爾氏が「寝室の隣の部屋でエアコンをかけるといいですよ」と教えてくれました。たしかにそうすれば不快な冷風を感じることがなく、ゆるやかに温度と湿度を下げることができます。

就寝中は気流が直接当たらないように注意しながらの連続運転が望ましいですが、冷えすぎてしまう人はタイマー使用でもいいかもしれません。その場合、「一晩中冷房を入れる」「睡眠の前半に冷房を入れる」「睡眠の後半に冷房を入れる」を比較すると、後半よりも〝前半〟に冷房を入れたほうが眠りの質が悪くならない、と都築和代教授が報告しています。

「通常、体温が下がってくる時に眠りやすく、体温が上がっていく時に睡眠が終わって目覚めやすい。それが睡眠の後半に冷房を入れると、前半の暑さのために妨害された深い睡眠が明け方に出てしまいます。体内リズムが乱れて、起きる時に無理矢理起こされた状態で眠気が残ります。睡眠前半でかいた汗が皮膚やパジャマに残ると、冷房で体表面が冷やされるだけでなく、深部体温を下げ、寝冷えの原因にもなるでしょう」

タイマーで冷房を使用する時は、睡眠の前半に最低3時間以上、快適と感じる室温に設定することです。また一晩中冷房を入れる場合は、明け方に向けての体温上昇を妨げない、つまり涼しくなりすぎない室温が望ましいでしょう。私はさまざまな研究結果から、最初の3

時間のみタイマーで冷房をかけるなら26度、一晩中冷房をかけるなら28度程度がいいのではないかと思っています。

もちろん実際に「何度がいいのか」は、個々の住環境により異なります。三宅康史医師も「暑さ慣れをしているかどうか、体力によっても違うので、いろいろ試して自分の〝適温〟を見つけるといい」とアドバイスします。

大切なことは「熟睡感を上げる」ということです。

学生を対象に、「26度連続運転」「28度連続運転」「26度3時間タイマー」「28度3時間タイマー」という環境で睡眠効率を比較した研究があります。四つの環境で最も結果がよかったのは「28度連続運転」でした。睡眠効率のみならず、翌日の作業効率も平均を上回ったのです。

「睡眠の質がよくないと翌日の作業効率低下を招き、そのほか食欲減退やうつなどになりやすいのです。睡眠効率が10ポイント下がると、翌日の知的な作業効率が7ポイントも落ちてしまいます」（伊香賀教授）

ポイントは「偏差値」に置き換えて考えるといいでしょう。

〝緑のカーテン〟で日射熱と輻射熱を防ぐ

ただし冬と同様で、断熱性の低い住宅ではいくら冷房をつけていても暑いままだということもあるでしょう。ベランダの表面温度が上昇すると、建物そのものが熱を蓄《たくわ》え、やがて熱が壁内に伝わり、室内壁面温度が上昇します。壁面からの放射熱で室内温度が上がってしまうのです。

そこで冷房プラスアルファの対策を考えましょう。室内に熱を入れないためには、壁や天井、床の温度を上げないためには、どのような対策があるのでしょうか。

本章の冒頭で、夏は窓から熱が73％入ると説明しました。今日からすぐにできることとして、まず日中出かける時に厚手のカーテンを閉めてください。しかし、それだけだとカーテンと窓の隙間に熱だまりができてしまい、室内に熱が侵入してきてしまいます。

「窓から余分な日射（熱）を入れないために自分でできることとして〝緑のカーテン〟がお勧めです。ヘチマやゴーヤ、朝顔などプランターに植えたツル性の植物をネットにからませて設置するといいでしょう。太陽の日射や地面からの輻射熱を低減でき、室温が０・５度程度下がります」（伊香賀教授）

植物でなく、すだれやよしずをベランダに設置する方法でもいいでしょう。戸建てであれば自宅庭や自宅前の道路に水を撒《ま》けば、気化熱によって周囲の空気を多少は冷やすことができます。

北欧などでは太陽の位置が低いため、オーニング（Awning）がよく利用されます。オーニングは日よけの意味で、大きなひさしのようなもの。日陰ができ、夏でもその下で遊んだりくつろいだりできます。さらにオーニングを設置すると直射日光が室内に入らないため、窓まわりの温度上昇を抑えられるのです。オーニングの外側と内側の温度は5度違うともいわれます。

第3章でも取り上げた「住まいＳｔｕｄｉｏ」で、夏場に室内に熱が入ってくる様子をサーモグラフィで見てみました。

「今日はいい天気だと思って油断していると、部屋の中がどんどん暖まってしまうんです」と「住まいＳｔｕｄｉｏ」スタッフ。サーモグラフィの色もみるみる緑→赤に変化していきます。やはり早い時間帯に、家の外で熱をシャットアウトすることがポイントだそうです。

オーニングに比べて薄く、編み込みが大きなシェードというものもあります。取り付けが簡単でコストも抑えられるのが利点です。しかしオーニング、シェードともに台風や強風時には取り外す手間が必要になります。

「最近は採風・採光できる雨戸やシャッターも人気ですよ。夏は日差しをカットしつつ、風と光を取り入れられ、また台風対策にもなるんです。よく強風時に窓ガラスにテープをバッテンに貼る方がいますが、飛来物に対しては意味をなしません。雨戸やシャッターは防災対策にもなります」（同スタッフ）

雨戸やシャッターで断熱効果まで期待できるんですね。

また冬と同様、窓そのものを高性能のものに交換したり、内窓をプラスして二重窓にすると、エアコンの効きもよくなって涼しい環境に近づきます。

ところでエアコンの効きというと、室内機のフィルターの掃除や室外機まわりをきれいにすることも効率を高める上で重要です。室外機からの熱風は、室内を冷やすために奪った熱を排出するもの。ですから排熱がうまくいかないとエアコンの効率が下がってしまうのです。エアコンの室外機に日が当たらないように日陰になるような覆いを作ったり、設置場所を工夫しましょう。最近は、室外機を暑さから守るための専用カバーも出ています。

気づきにくい「生活熱」もチェックする

そして、室内の余分な熱を下げる対策もあります。一級建築士の加藤真哉さんは「生活熱」に注意を促します。

「断熱性能の高い建物の場合、小さな生活熱でも室温が上がりやすいです。トイレの暖房機器や炊飯器、テレビまわりのＤＶＤ機器やパソコン、ゲーム機などはけっこう発熱しています。必要のない家電は電源をオフにすれば、家電の待機電力を少なくすることもできます」

そのほか室内温度を上昇させない簡単な方法として、室内に畳やい草を使ったゴザなどを取り入れるのもお勧めです。リフォーム会社、備後屋代表の古志智宏さんは、廊下に「置き畳」を敷く方法を提案してくれました。

「素足で歩くとフローリングはベタつく感触がありますが、畳のでこぼこは足触りがいいですよね。また、畳の主材料であるい草は、湿気が多い時期は水分を吸収し、冬の空気が乾燥している時には水分を放出するという機能を持ちます。湿度が高いのはもちろん、蒸し暑さで息苦しさを感じるのでそれが和らぐことで体感温度が下がると思います」

それではここでクイズです。

Q10

畳1畳で最大およそ
何ミリリットルの水分を
吸収するでしょうか?

❶100ミリリットル
❷200ミリリットル
❸300ミリリットル
❹400ミリリットル
❺500ミリリットル

正解は⑤。なんと畳１畳で最大５００ミリリットルの水分を吸収し、放出する力があります。ペットボトル１本分ですね。

置き畳はホームセンターなどでも手に入りますが、ポリエステルや和紙などが混じったものでなく、天然のい草で作られたものを選びましょう。

い草には、ただ水分を吸収・放出するだけでなく、有害物質であるホルムアルデヒドや二酸化窒素などを吸着して、空気をきれいにする効果もあります。

い草の効能やカビについて、20年以上研究を続けてきた北九州市立大学の森田洋教授は、「天然の空気清浄機」と表現します。

「二つのコップそれぞれをタバコの煙で満たし、片方のコップにい草を、もう片方には何も入れずにしばらく置くという実験をしました。するとい草を入れたほうはタバコ臭がほとんどなくなるのです。い草は中がスポンジ構造になっていて、有害物質を吸着します」

またい草に含まれる「バニリン」という香り成分にはリラックス効果もあります。これは菓子を作る時に数滴たらすバニラエッセンスに含まれる成分。

木や草から放出される香り成分も含まれるため、「室内に畳を敷くことで森林浴気分が味わえます」と森田教授。

畳を長持ちさせるには換気が重要ですが、古志さんは「今の家は空気が流れにくくなっている」と指摘します。

「（空気が流れないと）体がほてりますよね。暑い日は完全密閉してエアコンなどで涼しくするほうがいいでしょうが、少し気温が下がったら玄関に施錠できる頑丈な網戸をつけてドアを開放すると、風の流れを作りやすくなります。家の中に風を通す工夫をしてください」

また帰宅後には一旦、窓やドアを全開にして室内の熱気を外に放出してからエアコンを使うと、効率よく冷気が循環させられるでしょう。

では、科学的に見て、外の気温がどれくらい高ければ窓を開けないほうがいいのでしょうか。これは私のような一般人だけでなく、大手の住宅メーカー社員の方々も知らなかったことなので、クイズにしました。

Q11

**夏場、窓を開けても
よいのは、外気温が
何度まででしょうか?**

❶ 28度
❷ 30度
❸ 31度
❹ 32度
❺ 33度

どうでしょうか。先ほど熱中症の警戒ラインが「28度」と記したので①と答えた人もいるかもしれません。しかし熱中症予防に関しては統一されたガイドラインはないので、これでは科学的な答えとなりません。

正解は⑤の33度です。

なぜでしょうか。ヒントは人の深部体温がおよそ37度、平均皮膚温がおよそ33度であることです。

室内環境の話からは離れるように感じますが、人間が「発熱体」であることがわかると快適さへの理解が進むので、もう少しお付き合いください。加藤信介氏がこう解説します。

「人間の生命活動を順調にさせるためには、深部体温、すなわち筋肉や内臓などの温度が37度ぐらいであるとよいことがわかっています。私たちは一日におよそ２０００キロカロリーほど摂取しながら体重がほとんど増減しませんが、それは摂取エネルギーを熱に変えているからです。私たちはだいたい常時１００ワットで発熱しています。それでいて深部体温を37度で維持するには、常に熱を捨てないといけません。どうやって捨てるかというと呼吸で10〜15％、残り80〜90％は皮膚から捨てているんです」

深部体温が37度ですから、皮膚から熱を捨てるためには皮膚の表面温度がそれより低くないといけません。平均皮膚温度を33度ぐらいまで下げると、熱が外に出てきて、その熱を捨てられるメカニズムになります。

おなかが減ったからごはんを食べる、のどが渇いたから水を飲むのと同じように、深部体温が37度より高くなったり、皮膚温が33度より高くなると私たちは無意識に日陰に行く、自律神経で発汗するなどの体温調節を行います。

「外気温が33度より上がってしまうと、皮膚の表面温度より外気温のほうが高いので熱が捨てられなくなってしまいます。そうなると、発汗以外の方法がなくなります。汗をかき、汗が蒸発する時の水蒸気潜熱で熱を捨てるということです。33度より高くなると、風が吹いても、不快に感じるでしょう。

人間は発熱体ですから、熱を常に捨てなくてはならず、しかし一方で捨てすぎると体温維持ができなくなります。要は放熱しすぎても放熱できなくなってもダメだということです。そのため着衣で調節します。着衣は断熱になるので冬は断熱材（服）を増やせば増やすほど放熱しない。夏のように外気温や室内温度が上がりすぎると、放熱しにくい洋服は脱いで、できるだけ薄着になったほうがいいでしょう」

外気温が33度を超えたら窓を開けずにエアコンをかけること、そして、そのエアコン設定温度は服装により調節しましょう。

「職場で肌着にYシャツ、ネクタイ、長ズボン、靴下、靴の服装なら26度くらいでないと不快ではないでしょうか。自宅で靴下やスリッパなしで薄着なら27〜28度の冷房設定温度でもいいかもしれません」

よく誤解されるのですが、発汗は決して「快適」な状態ではなく、体が「ストレス」を感じている状態です。発汗し続ける環境というのはエネルギーを使い続けている状態のため、あまり好ましい状況ではありません。汗をかかずに皮膚から水蒸気で放熱する室内環境がベストであることを頭に入れておきましょう。

室内のカビは命をも脅かす

今夏は新型コロナウイルスの感染防止のため、「換気」も注目されました。しかしオフィスであれば建築物における衛生的環境の確保に関する法律（建築物衛生法）によって基本的に1時間に1回、すべての空気が交換される仕組みになっています。住宅でも2003年施行の改正建築基準法で24時間換気システムの設置が義務化されたため、2時間に1回は室内の空気が入れ替わります。それらを稼働させていれば、あまり神経質になる必要はありませんが、自宅に24時間換気システムがない場合は、浴室の換気扇を24時間つけっぱなしにしておくといいでしょう。それで部屋の空気は少しずつ入れ替わります。浴室の換気扇がない場合は、１時間に１回５分程度、風を通すといいでしょう。

風を通す、換気をすることは、「湿気を逃がす」ことにつながります。

「最近は室内に天然のものがなく、湿気の逃げ場がない」と、森田洋教授が嘆きます。

「フローリングの教室と畳の教室でそれぞれ子どもたちに勉強させると、畳の部屋のほうが涼しいと子どもたちは口を揃えます。畳が湿度を下げますから、同じエアコンの温度設定でも涼しく感じるのでしょう。日本ではピーク時におよそ４万戸あったい草農家が、今や６００戸を切っています。千年以上の歴史があり、日本の住宅と日本人の体に馴染んできた畳が数十年後には消えてしまうかもしれません。気密性の高い建物が増えた現代だからこそ、畳を見直してほしいと思います」

畳はカビの原因となる湿気や有害物質を吸着し、体感温度を下げてリラックス効果もある天然素材で、さらに水虫や体臭の原因菌などに対する抗菌作用もあるという優れものです。あなたの家には〝天然〟のものがあるでしょうか？

最近は湿度を調整する「呼吸する壁紙」と呼ばれるものもあります。壁紙が空気中の余分な湿気を吸収してくれるのです。実は昔の障子やふすまはこれにあたります。

湿度が高いと問題になるのはカビです。

カビは見た目だけの問題ではなく、命を脅かすことがあるのです。カビというと浴室の黒カビが気になるかもしれません。ですが黒カビは喘息の原因になることはあっても、命に関わることはめったにありません。

実はそれ以外の場所に潜むカビのほうが危ないのです。

冬の肺炎のほとんどは細菌が原因ですが、夏場はトリコスポロンというカビを吸い込むことで肺に炎症が起きる危険があります。「夏型過敏性肺炎」といって、かつては名前の通り夏限定の病でしたが、近年は梅雨時期から12月頃まで発症する可能性があります。

実際にあった例を紹介しましょう。

呼吸器専門医の大谷義夫医師は、住宅のカビが原因で肺炎を発症しているのではないかと疑われる患者宅の自宅調査に出かけることがあります。間質性肺炎を患うAさんは、他院で治療を続けたものの検査数値が改善されず、肺炎を起こす原因がわからないため、大谷医師を紹介されたそうです。

「肺胞の壁に炎症が起こる『間質性肺炎』は、薬の副作用による薬剤性肺炎やアスベスト吸入、膠原病などの原因によって分類されますが、中には原因が不明とされるものがあります。そして原因が特定できない間質性肺炎は、発症してから平均して3〜5年で亡くなってしまいます。歌手の美空ひばりさんもそうでした。

詳しく調べると、カビなどを吸い込むことによるアレルギー反応で肺炎（夏型過敏性肺炎）が起きているケースが少なくありません。原因が特定できれば、それを避けることで症状改善につながります。何とか患者さんを助けたいという思いから自宅調査を始めました」

私もAさん宅の調査に同行させてもらいました。

調査には、夏型過敏性肺炎の最先端の研究を行う東京医科歯科大学の宮崎泰成教授らも加わりました。宮崎教授によると、カビが発生するのには〝地域性〟もあり、自宅調査に出かける頻度が高いのは川の近くや埋立地だそうです。

「ですが湿度の少ない高原地であっても、ログハウスなど自然派の建物には注意が必要です」と教えてくれました。夏型過敏性肺炎の原因のカビ、トリコスポロンが「腐木」を好むためです。Aさんの場合も血液検査から、トリコスポロンが原因で肺炎を発症していることや、家にカビがはびこっていることが調査前から強く疑われました。症状改善のためにはリフォームや転居が必要になることもありますが、Aさんの病状が日に日に悪化していたことから、正確に状況を見極める必要があったと言います。

大谷医師はAさん宅でトリコスポロンの繁殖場所を探すべく、〝白や黄色のカビ〟がないかどうかを丹念にチェックしていました。そう、トリコスポロンはよく目につく黒カビではなく、家の中の水まわり、なかでも脱衣所や洗面所、洗濯機置き場などにある「木の角」に生えることが圧倒的に多いのです。水のかかるところが腐木となって、そこにトリコスポロンが繁殖してしまうんですね。そのほか台所のシンクの下、畳やカーペットの裏、枕などの寝具、雨漏りや床下浸水した場所の壁紙の裏なども気をつけましょう。

Aさん宅の浴室の木枠には、腐木をボンドで埋めたような跡が見られ、壁には雨漏りのシミがあり、窓枠にもカビが生えていました。

「腐って穴が開いた木の部分をボンドでふさぐ人が時々いますが、見た目はきれいになるものの、カビは増える一方です」

今回の自宅調査で、脱衣所に繁殖したトリコスポロンが症状悪化の一因ではないかと考えられました。Aさん宅では腐木のある脱衣所や、40年近く使ってきたという浴室をリフォームすることになりました。

カビの肺炎はマンションの1〜3階に多い

カビの胞子はとても小さいため、家のある一カ所でトリコスポロンが繁殖すると家中を浮遊します。きちんと根源を絶たないと、家のどこにいても発症の危険があるのです。トリコスポロンが室内に増殖すれば、過敏性肺炎が重症化、慢性化する危険もあります。

「真冬になるとトリコスポロンが繁殖しなくなり、咳などの症状が一旦治る場合もあります。しかし5月になって暖かくなるとぶり返します。在宅時間の長い高齢者ほど、カビによる病は慢性化しやすいです。『夏になるとぶり返す』『家にいると息苦しさや咳の症状が出る（そして家を数日離れると軽くなる）』という場合は、カビが原因である可能性が高い。最終的には家を大改装、もしくは引っ越しを余儀なくされる人もいるのです。

カビは取り除くのが基本。水まわりに腐木があったらすぐに取り替えましょう」

トリコスポロンによる肺炎の発症は、風通しの悪い木造家屋の1階や、マンションでは1〜3階の低層に住む人に多いそうです。6階以上に住む人の発症は「ほとんどない」のだとか。「おそらく低層階の室内のほうが湿度が高いからではないか」と大谷義夫医師は推測します。家の中に日当たりが悪く、じめじめした場所があったり、畳やカーペットの裏を10年以上見たことがないのであれば、一度確認してみるといいでしょう。

また浴室内の黒カビが心配になる人も多いと思います。これはトリコスポロンではありませんが、市販のカビ取り用洗浄剤などで処理したほうがいいでしょう。浴室はクラドスポリウムという黒カビが多く、先に述べたように喘息の原因になることもあります。

「加湿器の水を取り替えなかったり、エアコンの清掃を怠ると、そこに繁殖したカビでアレルギー性の肺炎を起こすこともあります。加湿器に入れる水は、塩素が含まれている水道水を使用し、毎日交換すること。エアコンの内部やフィルターの掃除も大切です」

ホコリには、どこにでも生息するアスペルギルスというカビがいます。このカビも、喘息などのアレルギー症状を引き起こすことがあります。

雨漏りが起きた箇所もカビができやすいので修繕するのが望ましいでしょう。古志さんによると、戸建ての外壁は湿度の変化が激しい部分ほど、ひび割れが起きやすくなるそうです。

「ひび割れを放置していると内部まで亀裂が広がり、雨漏りの原因になって、カビの温床になってしまいます」

不具合が起きたら早めに業者に見てもらい修理をしたほうが総コストを抑えられ、家の耐用年数を延ばすことにつながります。

また、カビに加えてダニにも注意したいところです。成人10人に１人の発症率といわれる喘息は、住宅の気密化によるダニの繁殖が要因の一つとされています。布団を干した後は寝具専用の掃除機をかけるなど、清潔に保つことを心がけたいですね。

自宅や職場など特定の場所で咳がひどくなり、そこから離れると体調がよくなる場合は、自分にとってその場所に「症状の原因となるもの」が潜んでいるかもしれません。カビやダニ、ホコリを予防するために丁寧に掃除しましょう。

家の大掃除は12月ではなく5月に

大掃除は12月ではなく、４月や５月に行うのがお勧めです。なぜなら、６月からはダニの産卵が盛んになり、湿度が高くなるからです。その前に室内を開放して大掃除することで発生の予防につながります。

田辺新一教授によると、室内には主に「コナヒョウヒダニとヤケヒョウヒダニ」がいるそうです。通常１平方メートルあたり１００匹以下であればほとんどアレルギーの問題にはならないそうですが、室温が20～30度、湿度が60～80％の環境では、室内のホコリの中のフケ、垢《あか》、食品のクズなどを食べて、どんどん繁殖してしまうのです。

「畳に10万匹、ソファに１０００匹などの単位でいることも珍しくありません。しかもダニは体長が０・３〜０・４ミリ程度であるため肉眼で見ることが非常に困難です。また、生きたダニそのものよりもその糞《ふん》によってアレルギーを起こす可能性が高いのです」

　知れば知るほど恐ろしいですが、まめに掃除をしてエサであるホコリを取り除き、湿度を下げるとダニの生育を妨げることが可能です。気温は上がるものの湿度はまだ低い5月中に大掃除をお勧めするもう一つの理由は、冬場の結露が気になる場所や家具の裏など家中の風通しをよくできるからです。そうすることで梅雨前にダニやカビの繁殖を抑えることが可能です。

「ダニが繁殖してから薬剤などに頼って退治するのは室内の空気を汚すことになります。そこでこの時期（4〜5月）に大掃除をすることこそ一番効果的でしょう」

　厚生労働省はダニアレルゲン対策において「寝室と寝具のダニを減らすことが効果的」としています。ダニや糞は洗濯機で洗うことによってよく流れ落ちるため、寝具カバーを定期的に洗うことが重要です。ダニは卵から幼虫になって糞をするまでに1週間かかるので、「週に1回の洗濯」を目安にしましょう。布団はたまにでも丸洗いしたいところですが、普段は天日干しでＯＫです。日に当てて表面が50度になると、ダニは死ぬといわれています。

最も大切なことは、部屋の掃除。週に1回以上、寝室を含むすべての部屋に掃除機をかけること、と前出の対策に記されます。大谷義夫医師はこう話します。

「ダニは空気清浄機では取れませんので、掃除機が一番。1平方メートル20秒かけて、ゆっくり丁寧に行うことが大切ですね。天日干しした布団にも布団用の掃除機をしっかりかけて、死んだダニを吸い取らないと、アレルギーのもととなります」

畳は掃除機をかけた後に、水拭き、乾拭きを、床は掃除機をかける前に拭き掃除を行うとホコリが舞うことがないのでばっちりですね。なお、掃除をする時はもちろん、一日のうちに何度かは窓を開けて換気を行い、室内の湿気を外に出しましょう。

さて日頃から掃除をする時、実は、わざわざ薬剤を使わなくても、普段捨ててしまうキッチンのゴミが〝天然の掃除用具〟になります。健康検定協会理事長で、管理栄養士の望月理恵子さんが教えてくれました。

「まずお米のとぎ汁を使ったフローリング掃除がお勧めです。とぎ汁にはアミノ酸やビタミンE、ビタミンB群などの栄養成分が多く含有されているぬかが溶けています。特にオリザオイルという成分がフローリングの表面を保護してくれるんですよ。1カ月に1回くらいのペースで掃除をすると、その部分がうっすらとツヤが出てきます。ただ昔ながらの無垢材の床にはOKですが、ワックス済みのフローリングにはNGなので、気をつけましょう」

　また水垢や油汚れも取ってくれるとのことなので、フローリングだけでなく洗面台やキッチンなど、とぎ汁が出るたびに順次掃除をするといいですね。

　リンゴの皮やオレンジ、レモン、グレープフルーツなどの柑橘類の皮もキッチンの掃除に活用できます。酸味の成分であるリンゴ酸やクエン酸の〝酸〟が水垢や石鹸残りをすっきり落としてくれるそうです。

「油分を分解するリモネンや、ツヤだし効果のあるペクチン（食物繊維）が含まれ、電子レンジやシンクまわり、コンロなどの汚れをきれいに落とせます」

　皮をそのまま掃除スポンジにするように使ってもいいですし、水で煮立たせてから使用してもいいようです。

　さあここで望月理恵子さんがクイズを作ってくれました。

Q12

**水垢や石鹸残りを
すっきり落とす、
クエン酸を多く含む
柑橘類はどれでしょうか？**

❶シークワーサー
❷レモン
❸すだち
❹温州みかん

正解は――。

「①シークワーサーです」と、望月理恵子さん。

「農林水産省発表の果汁100グラムあたりのクエン酸含有量を調べると、レモンは3グラム、すだちは4・5グラム、温州みかん1グラムに対して、シークワーサーは6グラムも含まれています」

さて同じ皮でもじゃがいもの皮は、サポニンという成分が洗剤のような働きをし、ガラスや鏡のくもり止めに役立ちます。一度じゃがいもの皮で鏡を拭き、その後に乾拭きすると、くもりが解消されたり、水洗いだけでは落としきれない汚れが落ちます。照明器具も同様に、じゃがいもの皮で拭いてから乾拭きをすると、くもりが解消して照明が明るくなるとのこと。

「大根の皮やヘタ（葉の部分を切った頭の箇所）にもジアスターゼという消化酵素が含まれているので、窓ガラスやコップ磨きに効果を発揮します。大根のしぼり汁（大根をおろした時に出てくる水分）でもいいですよ。野菜の皮で掃除した後は水道水で洗い流すか乾拭きをしてください」

気の抜けた炭酸水も、掃除に活用できます。炭酸に含まれる二酸化炭素に汚れを浮かせる力があるのです。

「スプレー容器に炭酸水を入れて鏡にシュッとかける方法が使いやすいですね。またコーラなど、クエン酸を含有している炭酸飲料は、ぜひトイレ掃除に。特に便器の掃除では便器の中に炭酸飲料を入れ、便器の水と混ぜて１時間ほど置いた後に水を流せば、水垢や黄ばみが取れやすくなります。しつこい汚れの場合は、こすり洗いを加えてください」

私も炭酸水を使ってみましたが、たしかに普通のガラス磨きの薬剤よりもきれいになりました。

酸性のクエン酸は、ドラッグストアや菓子材料売り場で販売されています。水１カップに小さじ１程度のクエン酸を溶かして、スプレー容器などに入れ、アルカリ性の汚れ（シンクや浴室、トイレの汚れ、手垢など）を落としたい時に使いましょう。洗浄だけでなく、消臭や除菌作用もあるそうです。酢も水と混ぜて使えば、クエン酸と同様の使い方ができます。

反対に弱アルカリ性の性質を持つ「重曹」や「石鹸」は、酸性のもの（焦げや水垢、油汚れ、茶渋の汚れなど）を中和して汚れを取ります。望月理恵子さんによると「風呂、玄関、トイレなどに重曹を使うと、除湿や消臭効果だけでなくカビ予防にもなる」とのこと。できてしまったカビには、漂白剤と片栗粉を１対１の割合で混ぜてペーストにするとカビが取れやすくなります。

汚れに合わせ、人にも家にもやさしい天然成分を活用し、住まいのきれいさを保ってください。

Q８の正解→④73％

Q９の正解→③最上階

Q10の正解→⑤５００ミリリットル

Q11の正解→⑤33度

Q12の正解→①シークワーサー

第5章

仕事と勉強がはかどる空間を作る

Q13

一年を通して、学習効率が最も高い室温は何度でしょうか?

❶ 16度
❷ 18度
❸ 22度
❹ 25度
❺ 27度

オフィスの環境が、ビジネスの成果に直結する

ＷＨＯが２０１８年に「冬の室内は温度18度以上」を強く勧告したことは、本書の「はじめに」で述べました。

しかしＷＨＯが指摘したのはあくまで住宅内の室温。それではオフィスや教室は何度がいいのでしょうか？　Ｑ13の答えは、実は④の25度。詳しくはこれから解説しますが、室温以外にも仕事のパフォーマンスや、子どもたちの心身に大きな影響を与える環境要素がいくつかあります。

国土交通省は昨年度から、労働者の健康増進、知的生産性が向上するオフィスを「ウェルネスオフィス」として認証する取り組みをスタートさせました。認証事業に関わるスマートウェルネスオフィス研究委員会委員長で東京大学名誉教授の村上周三氏（ＩＢＥＣ理事長）はこう話します。

「今後は、働く人のために快適な執務環境を整えることが、企業の競争力・ブランド価値につながります。そこに関心を払わない企業は、人材確保を含めて競争から脱落していくでしょう」

今日、企業の長期的成長のためにはＥＳＧ投資が必要、というのが世界的潮流です。ＥＳＧとはＥ＝環境（Environment）、Ｓ＝社会（Social）、Ｇ＝企業統治（Governance）の頭文字を略したもの。

もはやオフィスは単なる働く場を供給しているだけではなく、〝投資対象〟としてその質も問われているのです。不動産そのものの環境負荷の低減、健康性・快適性に優れたオフィスへの注目が高まっています。

それでは性能のいいオフィスで働いているビジネスパーソンは、本当によい影響を受けているのでしょうか。

伊香賀俊治教授は、さまざまな企業で働く社員３５００人の「オフィス」「社員の自宅」「社員が住む自宅周辺の街並み」の三つを調査しました。その結果「オフィス、自宅、自宅周辺の街並みがよい社員は心身ともに健康で、作業効率が有意に高い」ことが確かめられたのです。

「よいオフィスとは、たとえば天井が高く空間がゆったりしていること、室内に緑があったり外の景色が見えること、リフレッシュスペースが充実しているなどですね。いい街並みとはゴミ置場などの衛生状態がよく、遊歩道、公園といった体を動かせる場所があることなどが一例として挙げられます。自宅は断熱効果が高く、ゆったり眠れて疲れがとれやすい環境が大切でしょう」

心身の健康だけでなく、「主観作業効率」という指標もあります。これは、自分の最大パフォーマンスを１００とした時、今、「どれくらいの能力を発揮できているか」という問いに各ビジネスパーソンが答えるもの。これも、オフィスの環境がよいほど、有意に主観的作業能率が高いという結果が出ているのです。

具体的に、よいオフィス環境の要素とはどういったものでしょうか。国土交通省のホームページによれば、「天井の高さを確保した開放的な執務空間」「自然光を積極的に取り入れた執務室」「自然光を取り込み清潔感のあるトイレ・パウダールーム」「執務室内に設けられたカフェテリア」「屋外でくつろぐことができる緑化された空間」など、建物として健康性・快適性に優れていることを評価基準としています。

「ブラインドを閉めっぱなしにしているオフィスが日本では多いのですが、日中に日光を取り入れられないのは心身の健康によくないですね。しかし自然光を取り入れるには、同時に日よけ対策などもしなければなりません。

また、社食を含めたリフレッシュスペースの充実や、ほかの部署とのコミュニケーションが活発になるような建築的な仕掛けがしてあると、オフィスの高評価につながります」

〝仕掛け〟とは、他部署へアクセスしやすい階段、廊下や階段近くで社員同士が気軽に打ち合わせできる空間などが挙げられます。

どれもコストや手間がかかることではありますが、村上周三氏は「執務環境が悪いと、企業のブランドを落とす」と強調します。良質な職場環境を社員に提供することが企業の発展につながり、また優秀な社員を集めることになる時代に突入しているのです。今後は「社食・リフレッシュスペースあり」のように、企業の求人広告の〝ウリ文句〟の一つに、「ウエルネスオフィス認証」という単語が入ってくるかもしれません。

しかし、すでに決まったオフィスがあって、管理職でもない自分には執務環境をよくすることなどできないと思う人も多いでしょう。たしかにオフィスそのものは個々の力ではどうにもできませんが、自分のデスクまわりであれば改善できる部分が少なくありません。そして、その改善策は、たとえば子どもの学習環境にも応用できるのです。必要なのは正しい知識です。

一つ一つ見ていきましょう。

室温を1度上げると学習効率が10%アップする

たとえば室温20度以上とそれ以下では、どちらが「頭が働く」と思いますか。
もしオフィス内の寒さに耐えて業務に取り組んだほうが頭が冴《さ》えるはずだと思うなら、それは大きな勘違いです。さまざまな研究から冬場の室内は暖かくしたほうが、心身の健康や作業効率にプラスになることがわかっています。もちろん、暑すぎる環境も作業効率を低下させます。

先にクイズにしましたが、村上周三氏らの研究によって、子どもたちの学習効率は年間を通して「25度付近にピーク」があると認められています。冬場は室温を22度から23度へ１度上昇させることで学習効率は10・２%、23度から24度への上昇で４・７%向上する結果となっているのです。一方で、夏場は27度から26度へ１度低下させることで学習効率は11・７%向上します。

それにしても室温が作業効率・学習効率に与える影響は大きいですね。

一方でオフィスの場合は「冬の室内は18度以上」（ＷＨＯ）では手足が冷えやすいため、21度くらいを目安にするといいでしょう。特に女性や年配の労働者は注意が必要で、足元が冷えると自律神経が乱れることがわかっています。伊香賀俊治教授が大学生の男女に対し、床付近の冷えが知的生産性にどう影響するかを調べると、夏冬ともに基礎代謝の低い群は明らかに成績が悪かったのです。

基礎代謝が低いと創造性の作業も低下する傾向にありますが、それよりも計算のような「知的処理作業」に大きく影響することがわかりました。ちなみに研究対象者である大学生の服装は、夏は「半袖・長ズボン・靴下」、冬は「長袖ジャケット・長袖シャツ・長ズボン・靴下」と統一しています。

「特に冬の職場は天井から温風が出るため、足元が暖まらないんです。女性は足元が室温マイナス2度低いだけで計算の成績が低下します。女性や高齢者など基礎代謝の低い人は影響が大きくなってしまうので、職場なら窓側にヒーターを置いたり、厚手のソックスを履くなど個々人で足元の防寒対策をしておきたいですね」

冬場に暖房で防寒対策をすると、乾燥も気になります。

日本のオフィスビルなどの建築物を対象にした環境衛生管理に関する法律（建築物衛生法）では「湿度40％以上から70％以下」と定められています。しかしオフィスで乾燥を感じる人は多いのではないでしょうか。実際大型加湿器が設置されていないと、湿度40％以上を保つことは難しい、と複数の専門家が指摘します。

理由は二つあり、一つはエアコンで室内を温かくするほど湿度が低下するということ、もう一つは規模が大きいオフィスビルほど、湿度が低い外の空気が常時室内に入ってくるためです。

第2章でも触れましたが、湿度が低いとミスが多かったり、仕事中の眠気、意欲の低下につながることがわかっています。デスクまわりだけでも湿度を保つような工夫をしたいですね。可能であれば加湿器を併用するのがお勧めです。

次は、オフィスの換気にまつわるクイズです。

Q14

換気をしすぎると暖冷房のコストがかかります。

暖冷房を優先しすぎると空気の質が悪くなり、健康被害（アレルギー症状など）につながります。

どれくらいの頻度であれば、コストと健康のバランスのよい適切な換気ができるでしょうか。

① 10時間に1回
② 1時間に1回
③ 1時間に2回
④ 2時間に1回

換気をしないと、仕事の効率も成績も落ちる

まずは左の**図表M**を見てください。村上周三氏による調査で、20～40代の社会人を換気量が小さい部屋と大きい部屋に分け、論理系、暗記系のテストをしたものです。この調査によると、なんと「換気量（大）」のほうがすべての項目において5～９％も成績がよかったのです。

「対象者は一級建築士の資格試験受講者、いわゆる勉学に対するモチベーションが非常に高い社会人のため、学習意欲の有無が測定結果に与える影響は小さいでしょう。また、受講者には室内の環境条件を調整していることを知らせず、先入観による影響を極力排除しました」

にもかかわらず、「換気量（小）」の条件から「換気量（大）」にすることで、点数にすると論理系科目では４・７点、暗記系科目Ｉでは６・４点も向上したのです。

基本的に、外よりも室内のほうが空気は汚れています。人間がその〃汚染源〃で、その空気が滞留するために起こります。代表的な空気の汚れは二酸化炭素。特に人数が多いと二酸化炭素濃度は短時間で推奨濃度レベル（８００～１５００ｐｐｍ）を上回りやすく、空気の

図表M　換気量を大きくすると学習効率がアップする

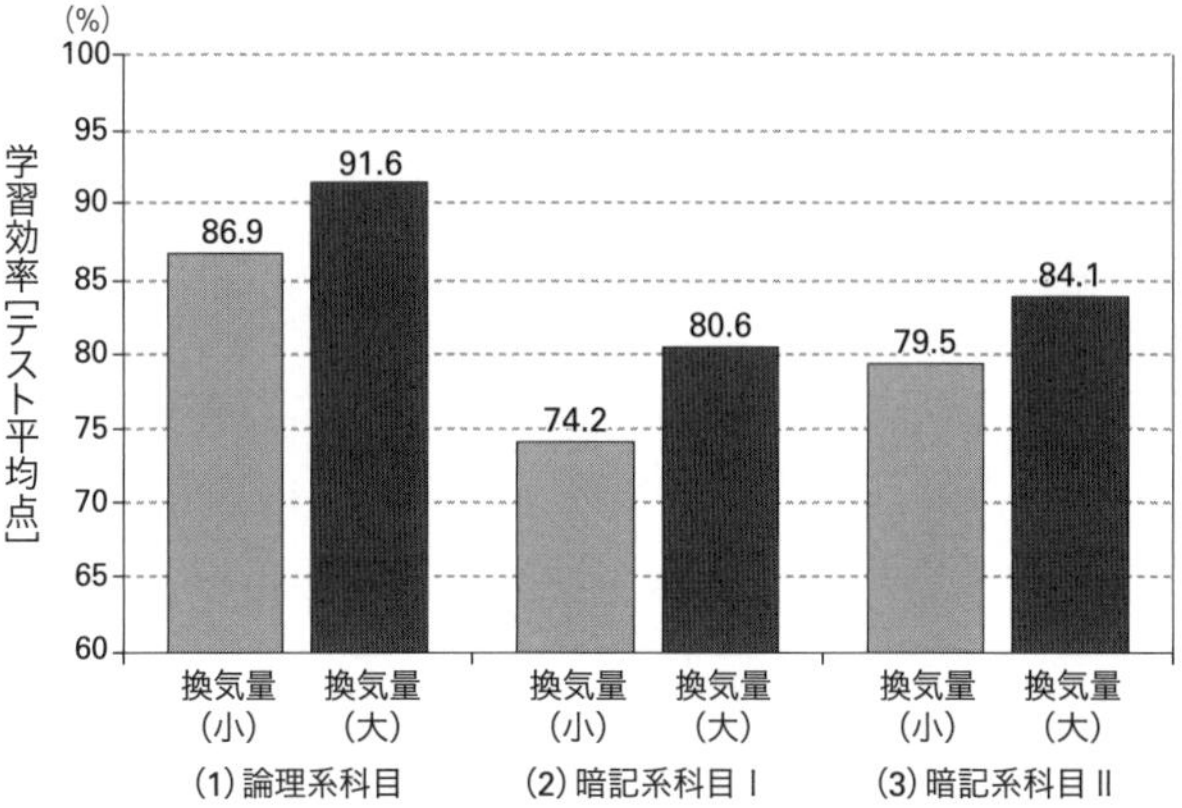

（出典）『確認テストの点数を用いた客観的な学習効率の調査結果』村上周三、伊藤一秀ほか：教室の環境と学習効率、建築資料研究社（2007.10）

質を低下させます。すし詰め状態で会議を行うと眠くなるのがいい例でしょう。

仕事パフォーマンスを高める点でも定期的に空気をきれいにすることが大切なのですが、今年は新型コロナウイルス感染症の感染防止対策としても「換気」に注目が集まりました。しかし、換気をしすぎれば、冷暖房のコストがかかってしまいます。どの程度の換気を行うとよいのでしょうか。

村上周三氏、伊香賀俊治教授らは戸建て住宅を対象に、1時間に換気した量に応じた、暖冷房費用と室内空気汚染を比較しています。たとえば次ページ**図表N**の「0・1」は1時間で室内の10分の1の空気を入れ替える、つまり10時間かけてようやく室内の空気が1回

図表N　換気はどれくらい行えばいいのか
（東京、次世代断熱基準の戸建住宅を対象にした）

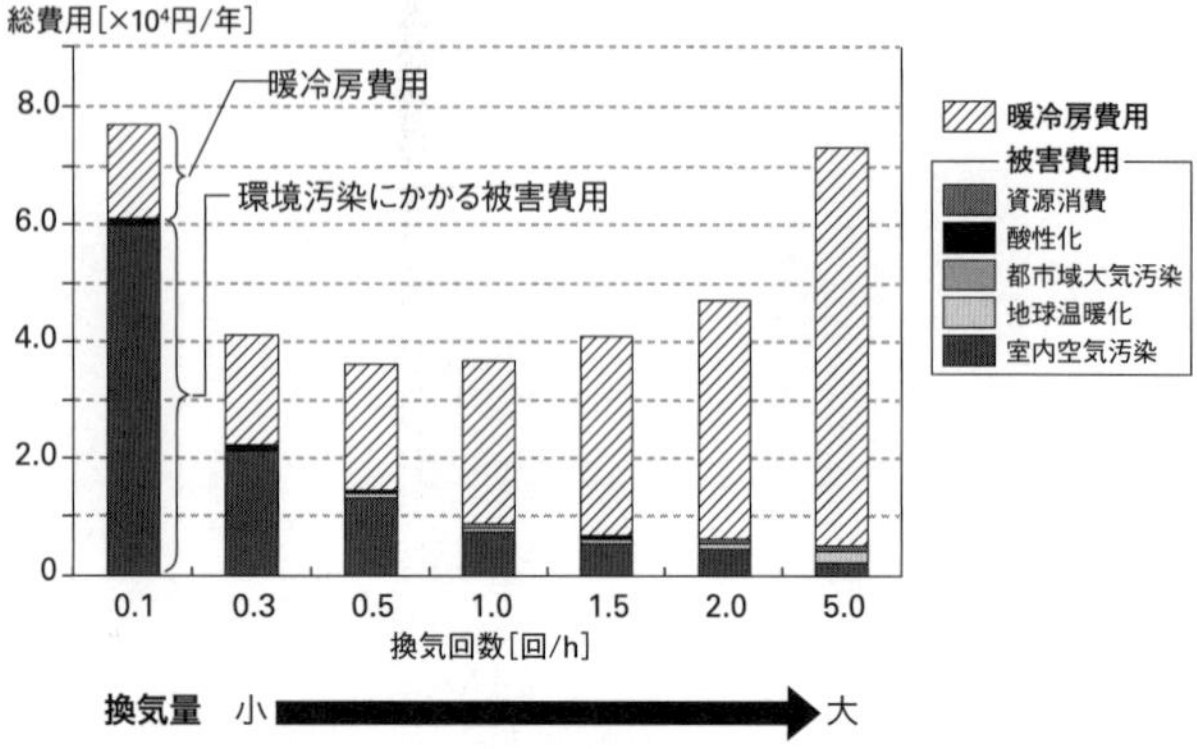

①換気回数0.5回/hのときに総費用が最小
②費用に対しては、最適な換気回数を選択することが有効

（出典）成田菜採・村上周三・伊香賀俊治ほか：日本建築学会環境系論文集595号、2005年9月より改変「環境汚染による被害費用と冷暖房費用」

入れ替わるということです。この換気量だと、暖冷房のコストは抑えられるものの室内の汚染濃度は高くなってしまいます。クイズの問いにあった「コスト」と「健康」を総合的に考えると、換気回数が1時間に0・5回、つまり2時間に1回、部屋の空気をすべて入れ替えるのが最も効率的という結果でした。したがってクイズの答えは④になります。

　とはいえ、これまで述べてきたようにオフィスであれば基本的に1時間に1回、すべての空気が交換されるような仕組みになっていますし、住宅でも2時間に1回は室内の空気が入れ替わります。自宅に24時間換気システムがない場合は、浴室の換気扇を24時間つけっぱなしにしておけば1時間0・5回換気に近づき、部屋の空気が少しずつ入れ替わることも紹介しました。浴室の換気扇もない場合は、1時間に1回5分程度、窓を開けて風を通すといいでしょう。

注意点として、室内の空気の質は「換気」と「空気を汚す発生源」のバランスにもよるのです。換気量を上回るほど発生源から汚染物質が出れば、当然ながら室内の空気は汚れてしまいます。

たとえばオフィスでは1時間に1回、空気が交換される仕組みと述べましたが、人の多いオフィスであれば、「1時間に2回程度の換気が必要」と、田辺新一教授が指摘します。

「我々が『知的生産性と疲労度』に関する研究を行うと、空気がよどんでいたり、高温環境下での作業は、脳内酸素消費量が多くなる。そして疲労感が増すことがわかったのです」

成人の場合、たとえ室内が高温や空気の新鮮度などが低下した劣悪な環境でも、本人が普段以上の努力をすると作業成績の低下が認められないことがあります。しかしその代償として、同じ作業を行ってもそのような環境では脳内酸素消費量が多くなる、つまり「脳内の疲労に差が出る」というから驚きです。

また、換気以外にも空気の質を保つためには、室内の清掃、換気口やエアコンのフィルターなどの手入れが大切です。

デンマーク工科大学が行った研究で、室内のラックに20年使用したカーペットを持ち込むと、タイピストの能率が10％程度落ちるという報告があります。カーペットはタイピストからは見えない位置に置かれたものの、空気の汚染、何となくにおうという状況が生産性に影響したと分析されているのです。

同じく同大の別の研究で新品の換気フィルターで外気量を増やすと知的作業効率が6％アップするが、古いフィルターでは8％も低下するという報告もあります。

仕事をする部屋の〝空気の質〟を常に意識したいですね。

石油ストーブは〝室内焚き火〟状態になる

冬場は暖房器具によっても、空気の汚れ具合が変わってきます。

一番空気を汚してしまうのが、石油ストーブなどの開放型燃料器具。田辺新一教授は「ドイツであれば室内でこれを使うと訴訟問題になるほどで、欧米ではあり得ない話」と言います。

「昔の隙間風があるような日本家屋で使うならともかく、現代の気密性の高い集合住宅で石油ストーブを使用すると、室内の一酸化炭素、二酸化炭素、窒素酸化物の濃度が相当に濃くなり、危ないです。一酸化炭素中毒で死亡する恐れもあります」

石油ストーブは、部屋の中で〝焚き火〟をしていると思ってください。暖をとるためにどうしても必要なら、１時間に１回は窓を開けて部屋の空気を総入れ替えしましょう。あまり大きな声で言えませんが、実は私もマンション内で石油ストーブをずっと使用していたのです。じんわりと暖かくていいんですよね。それにエアコンで暖房をかけると乾燥が気になっていました。

ところがエアコンによって乾燥しているわけではないということが取材でわかりました。石油ストーブからは有害物質だけでなく、燃焼時に「水分」も排出されています。だから、エアコンで暖房をかけた場合、石油ストーブと比べて室内が乾燥しているかのように感じられるのです。

石油ストーブが水分を出すのなら、乾燥する冬場に使うのは乾燥対策になるのではないかと思われますか？

いえいえ、過剰な湿気により、室内に結露やカビが発生しやすくなるのです。まして石油ストーブの上にやかんを置いたり、石油ストーブを使いながら部屋干しをすることは危険です。まさにかつての私の家がそうでした。思いきって石油ストーブをやめて引っ越しをし、冬場はエアコン暖房のみを使うようにすると、建築年数は大して変わらないのに（つまり建物のグレードはほぼ同じであるのに）、窓枠にカビが生えることがなくなったのです。やはり、できれば開放型の石油ストーブの使用はやめましょう（ただし石油ストーブの中でもFF式と呼ばれるものは燃焼後の燃焼ガスを給排気筒から室外に排気するため、湿気を出さず、空気も汚しません）。

最もコスパがよいのはエアコン暖房である

空気を汚さないという観点では、オイルヒーターやカーペットも優れていますが、コストが割高で暖房力も弱いのが難点です。低コストで空気の質を保つ暖房器具は、エアコンがベストなのです。

田辺新一教授によると「オイルヒーターなどは1の電気エネルギーで1の熱しか生み出すことができない。けれどもエアコンは空気を圧縮させたり膨張させたりするヒートポンプという面白い原理で、投入する電気エネルギーが1でも、その3倍くらいの熱エネルギーを発生させることができる」とのことです。

最近はエアコンと空気清浄機が一体化しているものもあります。冷房、暖房、空気清浄と一台で三役をこなすのが、長い目ではお得でしょう。今泉太爾氏が「昨年の最新機種を狙うなら、秋が最も安く出回る」と教えてくれました。また空気清浄機を購入する時には「フィルターの交換サイクルをチェックするといい」そうです。

「高性能タイプはフィルターの期限が短いことが多い。そして期限を超えて使っているとかえって空気を汚すことになります」

つまりは浄水器と同じようなものです。空気清浄機を使うと、よりきれいな空気を体に取り込めますが、高性能のものほどフィルターの目が細かくなり、その分詰まりやすくもなってしまいます。頻繁なフィルター交換が必要になってしまうのですね。２万円程度の空気清浄機でも十分に効果が望めますので、性能とコスト、フィルター交換のサイクルを天秤にかけてよく選んでください。

Q15

注意力を必要とされる
業務の効率を上げるため
に見るとよい色は
どれでしょう?

❶赤色
❷青色
❸白色
❹黄色

「赤」は細かい作業に効果的

室内環境改善のため、個人が手軽に取り入れられるものとして「色」があります。

実は仕事中に見ると能率を「上げる色」と「下げる色」があるのです。面白いですよね。

最も避けたい色は「白色」です。バンコクのモンクット王工科大学ラートクラバン校の論文分析によると、白一色の環境で作業すると仕事の速度にマイナスの影響があり、多くのエラーが発生すると報告されています。色彩専門家で住環境のカラーコンサルティングも手がける南涼子さん（日本ユニバーサルカラー協会代表理事）は「仕事をする環境には、とにかく色を取り入れることが大事」と話します。

「無彩色、色がない仕事場が一番よくないんです。色は大脳で認識され、感情の中枢である扁桃体やホルモン分泌を促す視床下部を刺激します。白が多い環境はまぶしく、それでいて心身への刺激も少ないため、疲労を招きやすかったり、創造性にマイナスとなりやすいでしょう」

色彩豊かな環境で仕事をするとポジティブな影響があるというのは数多くの報告があります。何色でも、とにかく色を取り入れることをまずは意識しましょう。職場ならパーテーションやブラインド、パソコンの画面、デスクマット、椅子などに色を取り入れやすいのではないでしょうか。

余裕があれば目的別に色を選ぶと楽しいと思います。

カナダのブリティッシュコロンビア大学では、６つの課題について６００人以上の参加者のパフォーマンスを追跡しました。実験はコンピューターで行われ、画面は赤、青、白。その結果、赤の画面は青の画面に比べて、記憶の検索や細かい作業のパフォーマンスが31％も向上したのです。逆に、ブレーンストーミングのようなタスクでは青い環境下のほうが創造的なものが生み出されやすかったと報告されています（米科学誌『サイエンス』電子版より）。つまりQ15の答えは、①の赤色。

南涼子さんが詳しく解説してくれました。

「赤は闘争ホルモンといわれる神経伝達物質アドレナリンの分泌を促し、沈みがちな気分を高揚させて積極性を高める作用があります。脳の興奮レベルを上げ、筋肉を強めて〝覚醒〟を促します。さらに赤は停止信号や救急車のように〝危険〟を連想させるため、注意力を必要とする業務の効率を上げるのでしょう。一方で青は沈静色という作用を持ちます。精神を安定させ、海や空、つまり〝自由や開放〟を連想させるため、創造性を高めると考えられます」

そのため前出のカナダの研究結果には〈新商品の開発会議は青色の部屋で行えばよい〉と記されています。反対に赤を使えば消費者は製品の細部により注目してくれると予測されるため、〈広告や医薬品の注意書き、オフィス、教室などの環境デザインで赤を活用できる〉としているのです。

ただし赤やオレンジ、クリーム系などの暖色系と、青などの寒色系ではそれらの色を見た時に、体感温度として３度の差があるといわれます。夏に赤などの暖色系ばかり室内にあると暑く感じますし、冬に青っぽい室内にいると一層寒さを感じる恐れがあることを頭にとどめておいてください。

また、リラックスルームなど心身を癒したい場所は「緑」がいいのです。

「緑は、自然に目のピントが合い、見るのに余分な力を必要としません。筋肉を弛緩させて緊張を解きほぐし、精神安定にも役立つといわれます」と南涼子さん。

そういえばウェルネスオフィスの一つとして、国土交通省が紹介するオフィスのリフレッシュルームにも「緑化された空間」「自然を取り入れる」と記載されていました。

回復には緑、もう少し元気で快活に、職場の仲間と軽い打ち合わせなどに用いるなら、黄色やオレンジがいいでしょう。集中したい場所では「おしゃべりが増える」というマイナス点があるため、あまりお勧めできませんが、チームワークが必要だったり、心理的距離感を近づけたい場所には向いている色です。同じように、オレンジや黄色系の洋服を身につければ、初対面でもその人に親しみがわきます。ちなみにビジネスでの交渉やプレゼンなどの場で身に着《つ》けるなら「赤」。南涼子さんによると「相手に力強い印象と威圧感を与え、物事を有利に進められる」といいます。男性ならネクタイ、女性ならインナーなど〝顔の近く〟に身に着けると効果的かもしれません。

勉強部屋も「赤」を取り入れると集中できる

続いて、子どもたちの学習環境について特別に記しておきたいことを挙げたいと思います。まず室温については25度付近がピークであることを本章の冒頭で述べました。湿度や換気についても大人の仕事場と同様の対応でいいでしょう。

「色」については、勉強部屋に向く色があります。

西オーストラリア州最大規模であるカーティン大学などが着色パネルに面して着席する模擬学習環境を用意し、大学生のパフォーマンスを調べた研究があります。実験に用いたのは、鮮やかな赤、青、黄と、淡い赤、青、黄の6色でした。その結果、鮮やかな色、中でも赤色の模擬学習環境で勉強した生徒は作業に集中でき、理解力のスコアが大幅に高かったのです。「興味深いのは、快適さが集中力を高める結果にはならないと報告されていることです。研究で使われた6色の中で淡い色のほうが勉強への意欲が高まる、落ち着くと答えた大学生は、実際には鮮やかな色の空間で勉強したほうが課題の成績がよかったのです」（南さん）

好きな色＝成績がよくなる色というわけではないということですね。研究結果で最も成績がよかった赤色については、前項のオフィスの色でも「注意力を必要とする業務の効率を上げる」と述べました。濃い色、中でも赤は「脳の覚醒」を高めるのです。

照明にも脳の覚醒を促す色があります。昼間の太陽光に近い「青白い」電球と、どちらかというとオレンジに近い「暖色系」の電球がありますが、青白い光のもとで作業をすると脳の覚醒が促され、論理的なテストのスコアが高くなることがわかっています。一方で暖色系の電球色のもとでは人はリラックスし、情緒を刺激されるため、コミュニケーションは良好になるものの論理的な思考には向きません。子どもの勉強部屋にはオレンジ系の電球は使わず、青白い光を使用するといいでしょう。

勉強部屋は「畳」「窓際」がキーワード

また、勉強には畳の部屋もお勧めです。

第４章で畳の効能を記しましたが、畳には科学的に認められた「５つの効果」があります。

①**温度と湿度調節**……畳が断熱材の代わりとなり、夏涼しく、冬暖かい。湿度が高い時には水分を自然に吸湿したり、空気が乾燥すると反対に放湿します。

②**抗菌作用**……畳の主材料であるい草には、水虫の原因となるカビや体臭・足の臭いの原因となる細菌類、Ｏ１５７などの食中毒細菌に対して抗菌作用があることが明らかになっています。また、肺炎の原因となるレジオネラ菌に対しても抗菌作用が認められています。

③**弾力性・吸音性**……適度な弾力性があり、転んでも怪我をしにくい。畳はショックを和らげる力のほかに、音や振動を吸収するので、畳の部屋は音が響きにくいのです。

④**空気を清浄する**……シックハウスの原因となるホルムアルデヒドや二酸化窒素を吸着し、空気を浄化する効果があります。

⑤**香り**……畳のやさしい香りにはリラックス作用があります。

特にこの⑤のリラックス作用の効果が大きいと考えられています。い草には森林浴の際に空気中に放出される木や草の香り成分や、さらに先述したようにバニリンというバニラエッセンスの香り成分も含まれ、室内に畳を敷くことで、森林浴気分が味わえるのです。

北九州市立大学の森田洋教授は、小中学生を対象に、学習塾で「畳を敷いた部屋」と「フローリングの部屋」では勉強の効率にどれくらい差が出るかを調べました。

その調査は、子どもたち２６０人にそれぞれの部屋で30分間、簡単な計算問題を解いてもらい、解くことのできた数を比較するというものです。

結果、フローリングの教室と比べて、畳の教室で解いたほうが平均で約17問も多く解答できたのです。

「フローリングの教室で解いた場合の解答数は１２９・０問で、正解率が88・５％。畳の教室で解いた場合は１４５・７問で、正解率が90・４％と、正解率に差はありません。しかし畳の教室で解いたほうが同じ精度で、より多くの問題を解答できたのです。集中力が持続したと考えられます」（森田教授）

また机を置く位置はできれば窓際がいいでしょう。米国の小学校で１年間、授業を受ける時に座る位置を変えて児童のパフォーマンスを調べた研究があります。窓の近くに座った群は、そうでない群と比べて高いパフォーマンスを発揮しました。窓際群は時間をかければ解ける問題の解答スピードが速かったのです。

前出の加藤信介氏は「パフォーマンスが高いとは、頭の回転が早いこと」と説明します。「一つの作業をなす時間が短ければ短いほど作業・学習効率がいいということです。たとえば学力試験のパフォーマンスとは、問題を解くのに必要な時間で測れます。パフォーマンスが高ければ短時間で解答でき、パフォーマンスが低ければ解答に時間がかかるわけです。

もちろん試験問題を解くのに一番重要なのはアチーブメント（その人が努力によって獲得した能力）。ただし同程度のアチーブメントを持つ人なら試験時にパフォーマンスが高いほうが短時間で問題を解き、見直しにも時間をかけられる。試験時の環境調整を本人が行うことは難しいですが、普段の学習では能力を最大化するために環境を整えることが必須でしょう」

よく歩く地域ほど、学力テストの成績がよい

続いて学習効率をアップさせる大事な習慣を紹介します。ポイントは「身体活動」です。

多数の研究から「身体活動」が学習効率によい影響を与えることがわかっています。ハーバード大学医学部の研究では、米国イリノイ州２０３学区の高校生を対象に「登校後10分間のランニング」を実施させました。その後に勉強させると、生徒の成績が17％も向上したのです。

それについて伊香賀俊治教授はこう分析しています。

「10分間のランニングによって最大心拍数の75〜90％となり、脳血流が増加します。脳の血のめぐりがよくなり、脳への神経伝達物質の供給がスムーズに行われ、脳が活性化したためと考えられます」

「運動の成績がいい子は勉強もできる」などとよくいわれますが、事実、体力と学力は比例するようです。

カリフォルニア州教育局が同州の小・中学生およそ１００万人を対象に、大規模な調査を行いました。児童の基礎体力や心肺機能などを総合し、体力スコアを6段階に分けると、スコアが高い子ほどリーディングと数字のテスト平均点が高かったのです。

国内でも、小学生の学力テストと体力テストの成績を伊香賀研究室で分析すると、やはり体力テストの成績がいい地域ほど学力テストの結果がいいことがわかりました。

「際立ってよいのが福井県、秋田県、石川県ですね。東京都はどちらの成績も真ん中ぐらいです。

神奈川県の横浜市、川崎市が全国でも最低レベルなのですが、同じ市内でも差がある。川崎市の臨海部・丘陵部に住む生徒約３００人の一日の歩数を調査すると、臨海部は一日８０００歩平均で、内陸部・丘陵部と比べて約４０００歩も少ないんです。歩数が多い地域ほど学力テストの成績もよいと教育委員会が証言しています。

ですから朝、通学を利用してなるべく積極的に歩数を増やす、エスカレーターではなく階段を利用するなどして中強度の運動を取り入れることが非常に重要と考えます」

注意点もあります。日常的に活発な子どもは朝に身体活動を行うことで学習効率が向上する一方、もともと活動量の少ない子どもが朝に突然、運動をするのはかえって学習効率を低下させる傾向にあったのです。

伊香賀研究室では、国内の中学生約１５０人を対象に、朝の時間に「読書」と「10分間歩く」の2群に分けて、その後計算作業を実施しました。すると日常的に活発な生徒は、朝に身体活動を行うことでさらに学習効率が向上する一方で、もともと活動的でない生徒には効果がなかったのです。

「日頃活動的でない生徒にとっては学習効率がほぼ変わらず、むしろ運動をした後のほうが低めの傾向にあります。体力がないため、学習前に運動をすることで疲れ気味になってしまうのでしょう」

まずは普段の生活の活動レベルを上げること、通勤や通学を利用して積極的に歩くといいですね。これらの結果からは、遠方への通学も決して子どもの心身にマイナスだけではないことがわかります。

仕事の合間の休憩は、「窓」「緑」「屋外」が重要

そして成人の仕事の休憩時間も、体を動かしたほうがいいことがわかっています。知る人も多いと思いますが、日本の仕事中の座位時間は世界1位。長時間座っていることで血糖値が上昇するなど健康に悪影響を及ぼすことがわかっています。

伊香賀研究室では男子学生を対象に、「自席（座位）休憩」群と「歩行・立ち休憩（身体活動）」群に分けて調査を行いました。休憩時間は作業と作業の合間の15分。すると休憩後に作業を再開してからの眠気が、「歩行・立ち休憩（身体活動）」群では約13％起こったのに対し、「自席（座位）休憩」群は約38％と高率で起こったのです。

仕事中の休憩の過ごし方のポイントも「身体活動」の一つといえるでしょう。

また「休憩の場所」はどうでしょうか。前出の男子学生を対象に、今度は休憩場所を5パターンに変化させて調査しました。

パターン①　仕事場の自席で休憩
パターン②　仕事場の自席で11分の休憩と、屋内歩行4分
パターン③　窓が見える屋内で休憩
パターン④　屋内の緑化スペースで休憩
パターン⑤　屋外休憩スペースでの休憩

その後の作業では、「単純作業」の効率には有意差がなかったものの、「創造作業」の効率においては、③④⑤が有意に高くなったのです。

「共有空間、つまりリフレッシュスペースの環境は、身体活動だけでなく、さらなる知的生産性の向上に役立つと考えられます」と伊香賀俊治教授は言います。

仕事場や勉強する環境の温度や湿度は一定に保ち、空気は新鮮さを、さらに殺風景な室内ではなく彩を取り入れる。オン（仕事中）とオフ（休憩）の場所や動作にメリハリをつけることが大事ですね。

テレワークは、自宅の「空気」に着目する

ここまでは「オフィス」や「子ども部屋」について取り上げましたが、今年はテレワークが推奨されましたね。どんなに環境のいいオフィスに勤める人であっても、今後はテレワークに移行する可能性があり、自宅の仕事環境を整える必要があります。

いざテレワークを始め、自宅で仕事をしようとすると、意外と〝暑さ〟や〝寒さ〟を感じるのではないでしょうか。それでは仕事の効率が落ちてしまいます。まずは仕事部屋の窓に数万円程度で内窓をつけ、断熱性能を高めましょう。内窓をつけることは、オンライン会議の遮音対策にもなります。

これまでさまざまな「換気」について述べてきましたが、ここからは少し視点を変えて、「空気」について取り上げましょう。自宅の空気は、テレワークが推進されればますます重要になってきます。通勤が必要な職種であっても、自宅の空気に気を配ることは健康と職場でのパフォーマンス向上につながります。

食べ物と空気、どちらを多く摂取しているかを考えると、何となく「空気」のほうが多いだろうなと想像ができるかもしれません。しかし次の数字には驚かれるのではないでしょう

か。人体がどれほどの物質を摂取しているか、重量比で計算した村上周三氏の研究によると、食べ物は7％、飲料は8％、外気5％に対して、なんと室内の空気は57％なのです！

私たちの体は一日に約2万回の呼吸を繰り返し、「一日20キロ前後の空気を摂取している」と村上周三氏が言います。すごい量ですよね。

それに対して「食べるものはだいたい2キロぐらい」と田辺新一教授は言います。

「もちろん空気は吸うだけではなく吐きますから、全部を取り入れているわけではありません。ただ、それでも体の中に入れるものなので、空気中に含まれるものは、食べ物や飲み物と同じように注意しなければなりません。しかも現代人は、外にいるより室内にいることのほうが圧倒的に多いでしょう。室内の〝空気の質〟が非常に重要ということです。室内をプールにたとえると、水をずっと入れ替えなかったり、フィルターで汚れを取らなければ、どんどん汚れていくのは容易に想像がつくでしょう。プールの水は飲みませんが、空気は口から吸っている。その空気が安全でなければ、当然、体に影響します」

空気が安全ではない――。

ピンとこないかもしれませんが、住まいが高気密・高断熱になり、隙間風がなくなり冬でも暖かく快適に暮らせる一方、室内の空気が汚れ、住環境が原因と思われる病気が引き起こされるようになりました。

いわゆるシックハウス症候群です。シックハウス症候群とは室内の環境が悪いために発生する健康障害で、広い意味では居住環境が原因ですから、化学物質だけでなく、細菌・カビ・ダニなどによる感染症のアレルギー症状もそれに含まれます。

しかし今、問題となっているのは、新築の住まいに引っ越した後や自宅を改築した後、あるいは、新しい家具を買うなどの住環境の変化によって発症するものです。長年シックハウス症候群について研究を重ねてきた田辺新一教授に、引き続き聞きました。

「日本の住宅はかつてはスカスカの住宅で、シックハウスは問題視されませんでしたが、住宅の気密化が進むにつれて室内の有害な化学物質濃度が高まるようになりました。そのため２００２年、建築基準法の改正で、適切な建材の選択や24時間換気システムの設置が新築住宅に義務化されたのです。

法改正の頃と比べれば、シックハウスの症状を訴える人は少なくなりましたが、やはり一定の割合で発生しているのも事実です」

厚生労働省は13の化学物質について室内濃度の指針値を定めていますが、最近はこれ以外の代替物質を使用したり、輸入家具の増加などからシックハウスを招く可能性もあるそうです。

「喘息や鼻炎などアレルギーを持つ人は特に注意が必要で、住宅や学校での化学物質濃度に気を配ったほうがいい。明らかな体調不良のほかにも、新築の住宅で〝のどが渇く〟ような症状が起きたら化学物質が粘膜に影響している恐れがあります。そういった場合、いくら加湿しても治りません。住宅購入やリフォーム時に、どのようなシックハウス対策をしているか、住宅メーカーに確認してみてもいいでしょう」

積水ハウスでは11年から5種類の化学物質について、厚生労働省の指針値の2分の1以下の室内濃度が実現できる仕様を行っていたり、パナソニックホームズでは300を超える化学物質の基準値に適合していると認証された米国の「住宅向けグリーンガード認証」を16年に取得しています。

多くの場合、その環境から離れれば症状がなくなったり軽減します。けれども症状が発生した環境に継続して居住していたり、早い時期に環境を改善したりしていても、わずかな化学物質にも過敏に反応してしまう人たちがいます。これを「化学物質過敏症」といいます。

「一度に多量の化学物質にさらされたり、たとえ少量でも長い期間さらされ続けると、体が許容できる量を超えてしまい何らかの症状が出現します。その後、ほんのわずかな化学物質であっても過敏に反応してしまうようになるのです」

大切なことは原因物質を最小にすること、そしてやはり「換気」になります。

体の中に取り込む化学物質をなるべく少なくするために、何気なく使う芳香剤、殺虫剤、防虫剤、洗剤などの使いすぎに注意し、家の中の化学物質の量を減らしましょう。

実は、通販で購入する家具にも注意が必要です。建物には基準があっても、家具類に使う材料に規制はありません。田辺新一教授が「においに気をつけること」とアドバイスしてくれました。

「家具が入っている段ボールを開けた時に鼻にツーンとくる、目が痛くなるような時は化学物質濃度が高い恐れがある。においが弱くなるまで換気のいい部屋に置いたほうがいいでしょう。

同様に室内の空気も、外から帰ってきた時に部屋の中がにおう、よどんでいると感じる時は要注意。風を通すことが大切です」

「壁紙」で空気を劇的に変える

それでは、既存住宅で積極的に「空気をきれいにする方法」を紹介しましょう。

まずは「壁紙の素材」を変える手法があります。現在の建物の主流であるビニールクロスより、自然素材のほうが「空気が劇的に変わる」と、今泉太爾氏は言います。

「壁にはたくさんのホコリがついています。室内で風が吹くと、摩擦によって静電気が起きてホコリがくっついてしまうんです。そしてある程度、ホコリが成長すると床にぽろっと落ちる。

特に空気が乾燥する冬場は、絶縁性が高い（電気を通さない）ビニールクロスは静電気がたまりやすく、ホコリが付着しやすい傾向にあります。一方で、漆喰などの自然素材は静電気が発生しても、すぐに放電するため、ホコリが付着しにくいのです」

ホコリは布団や衣服から出た繊維のクズに、皮膚のかけらやフケ、ダニやカビが混じりあったものです。どんな壁紙を使っても掃除をするのは大前提になりますが、自然素材のほうがホコリが付着しにくい分、効率的といえるかもしれません。

伊香賀俊治教授が行った研究では、〝室内の仕上げ〟が人工材料なのか、自然素材なのかが自律神経や睡眠時間、翌日の作業成績にまで影響することがわかっています。

「床を木目柄ビニール、次に床と天井を木目柄ビニール（自然風）、そして自然素材のスギ無垢材の部屋に男子学生を振り分け、3泊してもらいました。それぞれの部屋の入室者の就

図表O　深睡眠時間と床・壁・天井の仕上げの関係

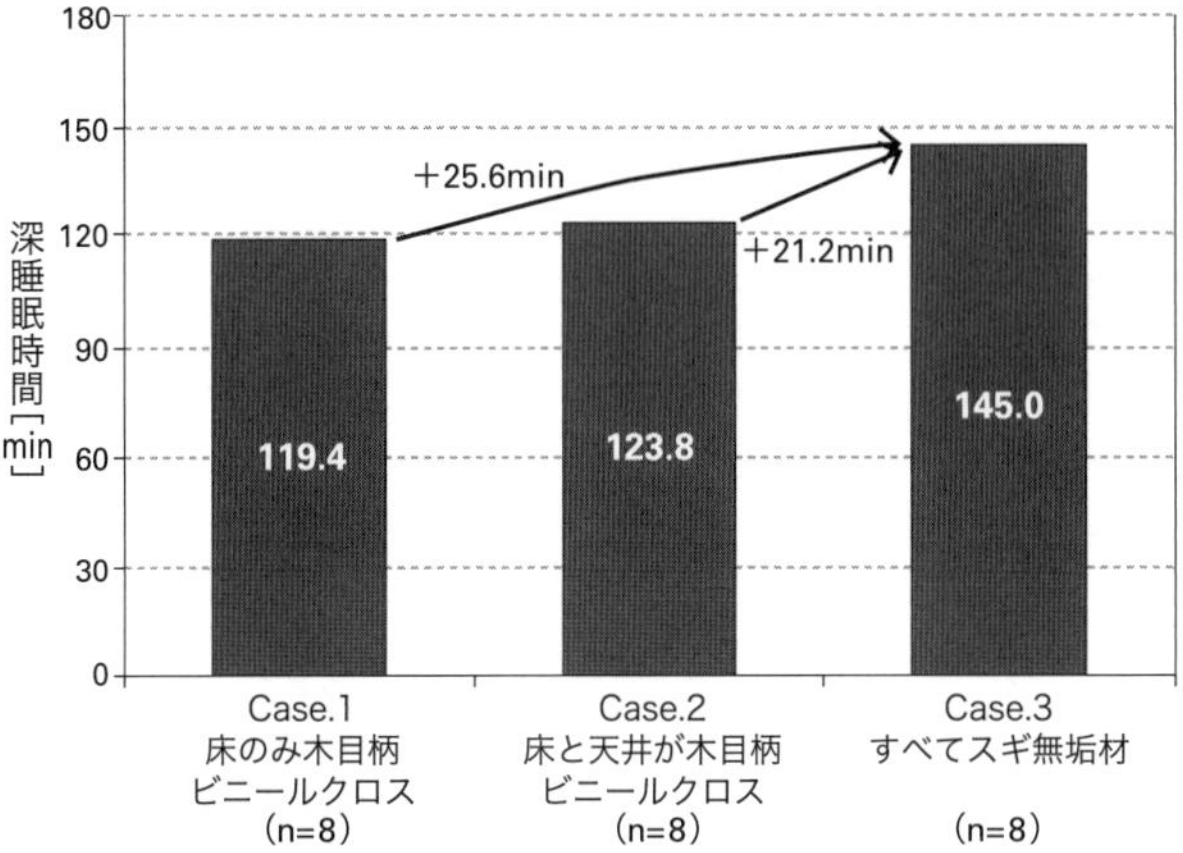

（出典）慶應義塾大学伊香賀研究室データを基に編集部作成

寝前の自律神経（交感神経）を測定すると、自然素材の部屋では鎮静効果が確認できました。床と天井が木目柄ビニールの部屋でも自然素材ほどではありませんが、鎮静に傾きます。〝視覚〟だけが自然風の刺激でも、体に影響するということですね」

上の**図表O**をご覧ください。自然の〝香り〟が漂《ただよ》うスギ無垢材の部屋に泊まった学生はノンレム睡眠（深い眠り）の時間がビニールクロスの部屋の人と比べて、平均して20分以上も長いことがわかりました。さらに翌日の単純・創造作業も、スギ無垢材の部屋に宿泊した学生が最も成績がよかったというのです。「偏差値でいうと9ぐらいの差」（伊香賀教授）とのこと。

最近はビニールクロスの上から自然素材の壁紙を貼るタイプもあります。手先が器用な人は自分でやってもいいかもしれません。田辺新一教授がこう補足説明してくれました。

「商品としてもエコカラットや、ハイクリンボードのような、湿度を調節したり、有害物質を低減したりして壁の機能を高める壁装材・下地材などがあります。調湿機能や吸着機能があると謳う製品はほかにもたくさんあるのですが、ＪＩＳ（日本産業規格）などで定められた基準を満たしているところを選ぶと一層安心です」

日本建材・住宅設備産業協会には調湿建材が登録されています。６畳の部屋に調湿効果のある壁紙を床面積の３倍施工すると、４・５リットル分もの水分に相当する湿気を吸収するそうです。

また、室内の空気浄化のために「観葉植物」を置くのはどうでしょうか。

「少しは効果があるという報告もあります。ですが緑の植物があれば換気しなくていいとか、空気清浄機の代わりになるといったことはありません。過信しないほうがいいでしょう」

（田辺教授）

むしろ手入れの仕方によっては、植物を置くほうがマイナスになる時もあります。水やりをして植物が呼吸するわけですから二酸化炭素が出たり、水分を放出して結露の原因となり、そのカビでアレルギーが出たり、殺虫剤や化学肥料などで化学物質過敏症を引き起こす可能性がないとはいえません。念のため園芸店にある鉢植えを購入した時には、農薬や肥料からの有毒ガス発生防止のため、すぐ室内に入れず、日当たりのよい軒下《のきした》などで十分水やりをして洗い流すといいですね。

また水やりは用土の表面が乾いてから行い、カビ対策として用土の表面にビートモスやバークチップなどを敷き詰めて空気に触れない状態にしておくといいでしょう。

タバコの煙は、子どもの知能指数を下げる

そして空気の話の締めくくりとして、室内のＰＭ２・５濃度について触れたいと思います。ＰＭ２・５とは大気中に浮遊している直径２・５マイクロメートル（１マイクロメートル＝１０００分の１ミリメートル）以下の非常に小さな微粒子。人の髪の毛の30分の１ほどの大きさです。しかしＰＭ２・５というと、みなさんは工場や自動車、航空機などから排出されたばい煙や粉塵などの大気汚染の原因となる物質を思い浮かべるのではないでしょうか。

実は「タバコの煙」もＰＭ２・５の仲間なのです。呼吸器専門医の大谷義夫医師が「タバコの煙のほうが人体に有害」と強調します。

「ＰＭ２・５の中でもタバコの煙は直径が１マイクロメートル以下という小さな粒子で、より肺の奥深くまで侵入します。ある調査によると、喫茶店の喫煙席は、北京で最もＰＭ２・５濃度が高い日と同じレベルで、禁煙席でも環境基準の２倍、外出を自粛するレベルであることがわかりました」

世界では室内のＰＭ２・５濃度は喘息や心臓病、肺がんによる死亡率を高めるといった報告がなされています。それでは家族で喫煙者がいる場合、ベランダでタバコを吸ってもらうのはどうでしょうか？

「いわゆる〝ホタル族〟ですよね。残念ながらサッシのレールの隙間から大量の煙が室内に流入し、室内のＰＭ２・５濃度が上昇することが確認されています。換気扇の下での喫煙も同様です。カレーを作った日に室内でにおいが広がるでしょう。換気扇ですべての煙が排気できるわけではないのです」

恐ろしいことに小さな子どもの将来の健康にまで、汚れた室内空気は害を及ぼすのです。受動喫煙で生じる子どもの実態について、大谷義夫医師が続けます。

「気管支喘息や呼吸器感染症、小児がんの発症、呼吸機能の低下などのリスクを高めます。中国の８歳の女の子が肺がんと診断され、大気汚染の原因であるＰＭ２・５が関係していると報じられました。それほどまでに子どもの心身、知能に影響を与えます。子どもやお孫さんなどのご家族のために、禁煙を目指してほしいですね。米国の研究でＰＭ２・５が高い地域ほど死亡率が上がるというデータもあります。それだけではありません。受動喫煙による〝知能指数の低下〟も指摘されているのです」

　喫煙者がいたり、アレルギー疾患のある人が家族にいる場合は、室内に空気清浄機を置いてほしいと思います。

　実は大谷義夫医師を含む研究グループは２０１８年、就寝中の空気清浄機使用により成人の喘息患者の状態が明らかに改善することを、欧州呼吸器学会で発表しました。世界規模で考えても、かなり珍しい研究だといっていいでしょう。

「空気清浄機はよさそうだけれども、実際に効果があるのかどうかわからないというのが、多くの人の感想だと思います。私もそうでした。

　しかし今回の研究によって、空気清浄機の使用で室内の空気環境が改善すること、またそれがアレルギー患者さんの症状改善に役立つことがわかったのです。当院に通う50人の患者さんを空気清浄機を使う群、使わない群でランダムに振り分け、1年間にわたって患者さんが暮らす室内環境、自覚症状、肺機能などを確認すると、空気清浄機を使った群は室内環境の粉塵が抑えられ、喘息発作が改善している。時期によっては肺機能の検査数値まで影響しており、正直驚きました」

大切なことは空気清浄機に限らず、室内の空気を何らかの手段で「きれいに保つこと」が健康を守るということです。基本、外よりも室内の空気が汚れていることを念頭に、お金のかからない「換気」を中心としながら、壁紙にこだわったり空気清浄機の使用を考えるといいでしょう。

Q16

高齢者の心身が
リラックスする色は
どれでしょう？

❶赤色
❷白色
❸緑色
❹紫色
❺青色

緑色は「生産性」と「集中力」を上げる

次に、自宅で仕事モードに入ることができる色、また健康や家族の団欒《だんらん》によい色などを紹介しましょう。先ほど「仕事場の色」「子ども部屋の色」を解説してくれた南涼子さんは「色は知覚、注意、記憶、思考に影響を与え、気分や行動、生産性を左右する」と話します。実際、ハワイ大学ヒロ校の研究論文では色を含む視覚要素が従業員の行動や生産レベル、気分に影響を与える可能性があると報告されています。

「テレワークに最適な色は、作業の種類によって異なります。白が多すぎると、退屈で無機質に見える可能性があります。純粋な白が多すぎる場合、仕事上でのエラーが生じやすいので、柔らかくて暖かいオフホワイトを選択することをお勧めします」

先ほど、注意力を必要とする業務の効率を上げるには赤を配色するとよいと述べましたが、緑色もお勧めです。

緑色は「生産性」と「集中力」が向上するという報告があります。自然に目のピントが合う緑色は、見るのに余分な力を必要とせず、目の疲れを最も抑えられる色です。デスクトップの背景にも最適だそうです。

「植物やオフィスチェアなど、デスクのまわりに緑のアクセントをつけると、リフレッシュして仕事の準備ができます。創造的な仕事の前に緑を見つめると、よりよいパフォーマンスを示したという報告もあります。デスクまわりの壁紙、ブラインドやカーテンに適しているでしょう」

健康色としても緑色は筋肉を弛緩させ、緊張を解きほぐして精神安定に役立つ優れた色です。

オックスフォード大学などが行った研究で、157人の被験者に6つの異なる色――オリーブグリーン（渋く濃い緑色）、ダークブルー、サンゴ（サーモンピンク色）、マスタードイエロー、ブライトピンク（淡いピンク色）、パープル――に塗られた部屋にそれぞれ入室して座ってもらいました。室温はどの部屋も「18度」であったにもかかわらず、「暖かさの感じ方」に差が出たのです。

およそ3分の1の人がオリーブグリーンの部屋を最も暖かいと感じたと報告されています。実際の温度より5度高く答えた人もいるそうですから驚きです。

一方で、また別のマレーシアのマラヤ大学が行った研究では、〝薄い緑色〟が高齢者の血圧や心拍数を穏やかにし、心身をリラックスさせるという結果が出ています。調査報告には

「青緑と明るい緑色が長期的に居住者の生活の質と精神的健康に重大なプラスの影響を与える可能性がある」と記されています。Q16の正解は、③の緑色でした。

何色がいいか迷ったらまずは緑色、そして夏は白や青、または薄い緑色の寒色系で爽やかさと涼しさを、冬ならベージュ、茶色を基調にして赤やオレンジを効かせると暖かさを演出できるでしょう。

先にご紹介した赤や、黄色・オレンジなどの暖色系の色は、茶色や灰色などの色に比べて「注意力」に大きな影響を与えるそうです。

「これらの色は〝記憶色〟といわれています。記憶作業が必要な時はこの鮮やかな3色を積極的に取り入れてください。

またオレンジはポジティブな気持ちを後押ししやすく、仕事への意欲を高めてくれます。人との関わりを促す色でもあるため、モニター会議などで人と接する機会が多い仕事に向いています。デスクチェアやデスクまわりの小物に取り入れるといいでしょう」

オレンジは家族団欒の場に使いたい色でもあります。

「オレンジや黄色を代表とした暖色系の色空間では、一緒にいる人との距離を近く感じさせます。また、これらの色は活動性と陽気な印象があって、見ていると楽しく元気な気分にさせてくれますね。特にオレンジはビタミンカラーと呼ばれ、柑橘類やビタミンBやβカロテンの色素の色、体を元気にする成分の色といえます」

オレンジはインスリンの分泌を高め、血糖値を安定させる健康色、かつ孤独感を解消し、気持ちを前向きにさせるポジティブ色なのです。

記憶力や注意力に効果の高い赤は、心拍数と血流を高め、脳波活動を増加させて覚醒を促しますが、「多く使いすぎると攻撃性とストレスを呼び起こす原因にもなるため、アクセントカラーとして使うことをお勧めします」と南涼子さん。

子ども部屋にはスコアがよいと述べましたが、テレワークで使う時には気をつけましょう。赤は文章校正や資料のチェックなど細部への注意が必要な作業や、夜間作業に従事している人に向いています。

反対色の青は、創造性を促す効果があると前述しました。アイデアが必要な仕事の人は適宜取り入れるといいでしょう。

余談になりますが、「睡眠時間と色の関係」についてご紹介したいと思います。

次ページの**図表P**の英国で2000世帯の「寝室の装飾色と睡眠時間」を調べたユニークな大規模研究によると、最も睡眠時間が長い部屋の色は青色、次に黄（クリームイエロー

図表P　快眠につながる色、眠りを妨げる色

「快眠につながる」色	
（色）	（睡眠時間）
青色	7時間52分
黄（クリーム）色	7時間40分
緑色	7時間36分
シルバー	7時間33分
オレンジ	7時間28分

「眠りを妨げる」色	
（色）	（睡眠時間）
紫色	5時間56分
茶色	6時間5分
灰色	6時間12分

※被験者の睡眠時間の平均値

（出典）英国最大のホテル Travelodge の調査「THE SECRET TO A GOOD NIGHT'S SLUMBER IS TO SLEEP IN A BLUE BEDROOM」を基に編集部作成

系）色、そして緑色、オレンジ、シルバーと報告されています。一方で、睡眠に適さないと思われる色は紫、茶色、灰色。青色の部屋と、紫の部屋では睡眠時間におよそ2時間もの差があるのです。

報告によると、青い寝室を持つ英国人は〝最高の睡眠〟をとり、58％が「幸せを感じている」そうです。青はやはり血圧や心拍数を減らし、よい睡眠の助けになるようですね。また、緑の色調で装飾された寝室で眠る人の5分の1が〝前向きな気分〟で目覚めていると報告されています。

寝室を一色に揃えるのは難しくても、布団や枕カバー、カーテン、カーペットなどはできるだけ同系色のものを選ぶといいでしょう。「赤と青」のように、対比する色は人を落ち着かない気持ちにさせるのです。南涼子さんは色の特性を見極め、季節ごとに色のイメージチェンジをすることを推奨しています。

「どんな色にもメリットとデメリットがあるんです。赤色は覚醒を高める半面、穏やかな気持ちにはなりにくいので睡眠には不向き。けれどもそれをうまく利用して、コーヒーのマグカップなど、起き抜けに手に取る物の色を赤にすると目が覚めやすくなるでしょう」

仕事でも、住居内のくつろぎの場でも一番よくないのが〝色のない〟生活です。高齢になるほど陥りやすいので、意識的に色を選ぶように心がけましょう。

「彩のある場所にいることは、感情に働きかけます。そういった刺激が全くないと脳が活性化されず、やがては無気力や無感動といった状態に陥る可能性があります」

夏は寒色系、冬は暖色系と、季節ごとに「温度感覚」を主軸に選んでもいいし、仕事やリラックスの場によって変化させてもいいですね。仕事部屋であっても、これまで紹介したように、注意が必要な仕事、創造性が必要な仕事、チームワークが必要な仕事など、仕事の種類や業務内容によって色を変えるのも楽しいでしょう。

自分にとって快適と感じる空間を作るため、ぜひ「色のある生活」を取り入れてください。

テレワーク時も「体内時計」を意識する

色といえば、「照明の色」についても触れておきましょう。１７１ページでは「青白い光のもとで作業をすると脳の覚醒が促される」と述べました。

時間軸で考えると、大人でも子どもでも夕方以降はできるだけ光を浴びず、照明を使う場合は暖色系のものがいいでしょう。「体内時計」を働かせにくいという報告があるのです。

２０１７年にノーベル生理学・医学賞の受賞理由にもなった「体内時計」は、仕事の能率や健康に大きく関わります。体のあらゆる臓器には時計遺伝子が刻む「細胞時計」が存在し、光に影響を受けているからです。専門的な話になりますが、少しお付き合いください。体内時計の仕組みに詳しい明治大学農学部の中村孝博准教授が説明してくれました。

「脳の奥の、視《し》交《こう》叉《さ》上《じょう》核《かく》という場所に体内時計の司令塔（中枢時計）が存在しています。中枢時計は平均して24時間より長い周期を刻んでいるため、毎日時計の針を合わせるリセットが必要で、それは主に〝光を浴びること〟によって行われています」

時刻調節をした中枢時計はさまざまな臓器に存在する時計遺伝子（末梢時計）へ時刻情報を伝えます。それによってそれぞれ臓器のリズムが作られるんですね。

「朝になると体温や血圧が上がって活動の態勢に入り、作業効率がアップして、さまざまな記憶力もよくなります。そして暗くなると睡眠ホルモンが分泌されて眠りに落ちる。私たちが必要な時間にベストパフォーマンスを発揮できるように、体内時計は調整してくれているのです。

そのため活動したい日中の光の浴び方が足りなければ、体内時計がスムーズに時刻合わせができません。一方で夜に日中と勘違いしてしまうような光を浴びてしまうと、体内時計が誤作動を起こす要因となります。覚醒すべき時間に覚醒しない、寝ぼけた状態で仕事をすることになります」

間違った光の浴び方で〝大本〟（＝中枢時計）が狂うと、体は起きているものの、頭は起きていない状況になりかねません。

たとえば、海外出張の際、時差ボケを起こさないためには光を意識することです。短期間の出張であれば、現地の光を浴びすぎないほうがいいでしょう。光を浴びすぎてしまうと、現地の環境に合った体内時計になってしまいます。

一方、数週間におよぶ長期出張なら現地での光をしっかり浴びて、体内時計を早く現地時間に合わせることを心がけましょう。

網膜にはさまざまな色の波長が届くものの、体内時計のリセット効果が高いのは「青い光」。また、青白い光のもとで作業をすると脳の覚醒が促され、論理的なテストのスコアが高くなることもすでに述べました。

反対に、体内時計を動かしにくいものは暖色系の光。中村孝博准教授らの研究で、同じ照度でもブルーライトカットをしたものは体内時計に与える影響が半分になることも判明しました。夕方以降に仕事をする時は暖色系の光のもとで行うか、ブルーライトカットを施した照明やパソコンで作業をするといいでしょう。

次のクイズも、「光」にまつわる問題です。

Q17

日中、部屋の中央の明るさが300ルクスだった場合、部屋の窓際の明るさはどれくらいになるでしょうか?

❶600ルクス

❷1000ルクス

❸2000ルクス

❹5000ルクス

（※月光は1ルクス、リビングは50〜200ルクス、コンビニの照明は1000〜1500ルクス、太陽光1万〜10万ルクス）

認知症やうつに「明るい光」が効く

それでは自宅の仕事部屋だけでなく、住宅全体での光の浴び方にもう少し迫りたいと思います。

照明も光ですが、窓から入る日光も同じ光。この「光」がとても重要なのです。

第3章で、窓を小さくすることは、断熱性能は高まるものの、住宅への満足度が低くなるなどの理由から「推奨しない」と述べました。

夏以外の季節は、窓から日光をしっかり取り入れることが健康のために大切です。

実は現代人は、「昼の光」が足りていません。そして日中の光の浴び方が少ないことで、なんと糖尿病や高血圧、うつ、認知機能障害、夜間頻尿、全身性炎症反応症候群、動脈硬化のリスクが高まるのです。

奈良県立医科大学の大林賢史准教授らは、２０１０年から「平城京スタディ」と命名し、奈良県に住む60歳以上の男女３０１２人の住居を全戸訪問調査し、室内の昼夜の光や温度の測定、住人の血圧、睡眠の質、うつ、血液や尿の検査を行っています。一戸一戸の住宅の中まで入って、さらに千人以上の規模で住環境の調査を続けるのは、世界でも珍しいことです。

「７００万年という人類の進化の過程で、エジソンが電球を発明した１４０年前から光の浴び方が急激に変わりました。日の出とともに起き、日の入りとともに真っ暗闇の中で眠っていた古代人と比べると、現代人は日中に外に出ることが少なくなり、夜は外よりも明るい中で過ごしている。一日で光を浴びる〝振幅（メリハリ）の少なさ〟が健康に影響をおよぼしているのではないかと考えられます」（大林准教授）

クイズの問いにもあるように、光の強さを表すのは「ルクス」の指標が一般的です。太陽光が1万～10万、人工照明が１０００～１５００、一般的なリビングが50～２００、月光が１ルクスというように数字が大きいほど強い光になります。

Q17の答えになりますが、室内では、窓側が廊下側と比べて3倍～10倍近く光が強いことがわかっています。したがって正解は③の２０００ルクス。実はこのクイズの数字は、私が大林賢史准教授への取材時、実際に取材部屋の照度を測らせてもらったことをもとにしています。室内の中央が３００ルクスに対して、当日は大雨だったのですが、窓際では２０００ルクス以上を記録したのです。

「ですから日中は室内なら、天気にかかわらず、できるだけ日当たりのいい部屋の窓際で過ごすことが大切なんです。平城京スタディでは、高齢者の日中平均照度は４００ルクスで、日中に十分な光（１０００ルクス以上）を浴びている時間は平均70分ととても少ない」と大林賢史准教授は指摘します。

オランダ国立神経科学研究所が施設入所の高齢者１８９人を４群に分けて、日中の光と認知機能の関係を調べました。１０００ルクス（コンビニ店内程度）の照明を毎日９時から18時に浴びた群は、３００ルクス（一般家庭の居間程度）しか浴びない群と比べて３年後の認知機能が改善したのです。対象者の平均年齢は85・３歳で、約９割が認知症ですから、明るい照明を浴びることは認知症の進行を防ぐといえるでしょう。

雨続きや気圧の変化で、梅雨の時期に多く見られる〝うつ症状〟にも、明るい光は圧倒的に効果的です。

うつ症状のある高齢者に強い人工の光を１日30分、１週間照射すると、症状が正常値近くまで回復したという報告があります。実際に医療の世界では高照度光を照射する「光療法」が治療法の一つとして確立されています。気持ちが落ち込んだり、集中力が落ちている時は、日中の照明を明るめにするといいでしょう。

ブルーライトを睡眠にうまく利用する

昼間に浴びる日光の中でも特に足りないものは、ブルーライトだという説があります。みなさんは「ブルーライト」と聞くと、あまりいいイメージがないのではないでしょうか？

前項では夕方以降は体内時計に影響しないように、ブルーライトをカットすべきだと述べましたね。一般的にスマートフォンやパソコンから発せられる青い光として知られるブルーライトですが、太陽光や室内の照明のほうがはるかに多く含まれていることはご存知でしょうか。

青空の青こそ、青い光＝ブルーライト。太陽から放たれた光は無色透明に見えますが、実際には赤・橙《だいだい》・黄・緑・青・藍《あい》・紫の光が混じっており、その中で波長の短い青い光が大気中の粒子にぶつかって四方八方に散乱し、空いっぱいに広がっていくのです。そのため空は青く見えます。

照明の中では白熱電球や蛍光ランプより、現在急速に普及している「ＬＥＤ」にブルーライトが多いのです。基本的に明るく感じる光には、ブルーライトが多く含まれて、脳の覚醒を促す、と覚えてください。

日本抗加齢医学会理事長で慶應義塾大学医学部の坪田一男教授は、ブルーライトを「コーヒー」にたとえます。コーヒーを夜飲むとカフェインの影響で眠れなくなることがありますが、昼間に飲めば抗酸化作用も得られて、脳も覚醒しますね。つまりブルーライトとの付き合い方も、〝浴びるタイミング〟が重要なのです。

「光の浴び方のルールは二つ。一つは朝・昼はしっかり浴びる、もう一つは、夜はできるだけ浴びないこと。簡単なようですが、現代人のほとんどができていません」

日中に光を浴びないと、睡眠ホルモン「メラトニン」が十分に分泌されません。日本睡眠学会理事で秋田大学大学院医学系研究科の三島和夫教授の研究では、高齢者で睡眠障害がある人に日中2500ルクスの光を4時間当てると、メラトニン分泌量が増加し、睡眠の質が改善しました。大林賢史准教授の研究、平城京スタディでも、日中に1000ルクス以上の光を浴びる時間が長くなるほど、夜のメラトニン分泌量が増加しています。

「海水浴に行った夜はグーグー眠れるでしょう。あれは日焼けして体が疲れたからだと思いがちですが、実は日中に光（ブルーライト）を十分に浴びたことも大きな要因です。すると夜にメラトニンがドバーッと出て心地よく眠れます。

しかし残念なことに、メラトニンは年齢とともに分泌量が減り、70歳を過ぎると若い頃の

10分の1まで減少してしまう。さらに目の中でレンズの役目を果たす水晶体も加齢とともに濁《にご》り、目の網膜にブルーライトが届きにくくなるのです。20代のブルーライト透過率を１００とすると、40代になればその半分。40歳を過ぎたら、昼間にいかにブルーライトをしっかり浴びるか、逆に夜は浴びないかが健康を維持する重要なポイントです」（坪田教授）

それならスマートフォンやパソコンを見るほど体にいいのか、と思う人もいるのかもしれません。それらから発せられるブルーライトは、太陽から発せられるものよりずっと微弱なもの。しかし、太陽を直接見てはいけないように、長い時間ピントを合わせて光源を凝視すると、目がダメージを受ける可能性があるようです。「見つめる」のと「浴びる」のは違います。「光源と目の距離」を意識してください。

ちなみにメラトニンは、睡眠を促す作用があるだけでなく、抗がん作用や血圧降下、認知機能改善作用、ビタミンCより強力な抗酸化作用を持ち、〝万能ホルモン〟として知られています。「日中の光不足」で分泌を抑制することのないようにしたいですが、夜に光を浴びてしまうことでもメラトニンは大幅に減少してしまうそうです。

「ハーバード大学の研究で、夜間に１００ルクスの光を浴びただけでメラトニンが88％減少したという報告があります。１００ルクスといえば、一般的に２００ルクス程度の居間よりも暗い。たったそれだけの明かりでも人体に影響を与えるということ」と大林賢史准教授は言います。

光は、浴びるタイミングを常に意識しましょう。

大林准教授の研究によると、朝に浴びる光は〝痩せる〟作用があり、夕方以降の光は〝肥満〟リスクを高めるようです。

「日中に光を浴びていない人ほど2年後の腹囲が増していく結果でした。『肥満なし』の人は『肥満あり』の人より日中に光を浴びていて、夕方以降はそれが逆転し、夜は『肥満なし』の人が浴びる光の量は少なくなっていました。

夜は、３ルクス以上（豆電球程度）の明るさで眠っていた人は、３ルクス未満（ほぼ真っ暗な状態）で眠っていた人と比べて肥満の割合が約１・９倍も多く、中性脂肪が高いなどの脂質異常症も１・７倍でした。この研究では、年齢や性別、教育歴、収入、摂取カロリー、身体活動量などの肥満に影響しそうなものを調整して分析しています」

原因としては時計遺伝子、中でも代謝システムをコントロールする遺伝子がうまく働いていないためではないかと考えられています。リズムが狂うと、夜遅い時間に食べなくても、高脂肪食をとらなくても太りやすくなってしまいます。

眠る時は遮光カーテンを使用したり、アイマスクを使って真っ暗闇の中で就寝しましょう。カーテンの遮光レベルは等級で表され、数字が少ない「一級遮光」が最も光を遮《さえぎ》ります。最近は「リターン縫製」というカーテンレール横からの光漏れを防ぐタイプもあるんです。

欧米ではキャンドルのような「間接照明」が主流で、日本よりも室内の明るさが抑えられています。これは日本人と欧米人の瞳の色の違いから生まれる「光感受性」の差ではないかと考えられており、同じ照明であっても欧米人のほうがまぶしく感じる可能性が高いからです。ただ、いずれにしてもブルーライトが散乱する、明るすぎる室内では交感神経が高ぶりやすく、リラックスしにくいことは覚えておいてください。

坪田一男教授の自宅も、かつてはムダに明るい照明がたくさんある〝光メタボ〟な状態だったそうです。その一つ一つの明るさを点検し、たとえばリビングでは一つの照明で光の強さや色を変えられるツーウェイタイプに切り替えたとのこと。

「ＬＥＤ照明や蛍光灯のようなブルーライトを多く含む光は日中にのみ使うことです。せめて寝室やトイレは、ＬＥＤ照明と比べてブルーライトの少ない白熱電球を使用したり、ＬＥＤ電球を使用するにしても、間接照明で使うといいのではないでしょうか。日本人の睡眠時間は世界で最も少ないですが、その理由の一つに夕方以降の室内の明るさがあると私は思います」

東芝では、消灯の10分前から徐々にオレンジ色に変化してゆっくりと暗くなっていく「おやすみアシスト」という機能が搭載された照明が登場。同社の試験結果では、従来の照明と比べて眠りにつく時間が10分程度短縮したそうです。

光は波長が短いほどエネルギーが増す仕組みのため、青色はよくも悪くも人体に強く働きかけるということです。波長が長い赤色のほうが作用が穏やか。日中は強い光＝ブルーライトをできるだけ浴び、夕方以降は穏やかな暖色系の光に囲まれて毎日を過ごしましょう。

Q13の正解→④25度

Q14の正解→④２時間に１回

Q15の正解→①赤色

Q16の正解→③緑色

Q17の正解→③２０００ルクス

おわりに

17問のクイズ、あなたは何問正解したでしょうか？

今回のクイズは、たとえ建築のプロの方であっても、〝健康〟に関わることが多く入っているため、意外と難しかったかもしれません。

もし一つでも、答えを知って「へぇー！」というような驚きがあったとしたら、クイズを作成した筆者としてこれほど嬉しいことはありません。きっとその驚きは知識となって、あなたの記憶にずっと残るだろうと思うからです。

本書は「建築」を専門にする研究者と、「人の体」を診る医師への取材によって、これまでにない新しい、厚みのある内容にすることができました。建築学と医学のどちらか一方の視点では偏ってしまいますが、両方を融合させたことによって、読者のみなさんの生活になじみやすくなったと思います。

取材に応じていただいたすべての先生方にお礼を申し上げます。とりわけ、文系脳の私に何十回、いえ何百回もわかりやすく解説していただき、本書の原稿も隅々まで目を通してくださった慶應義塾大学の伊香賀俊治先生に、深く感謝いたします。

そして本書のタイトルは、『週刊新潮』２０２０年1月30日号に掲載された特集記事〈「突然死」現場の65%が自宅！　慶大が全国で実証調査　室温を2度上げると健康寿命が4歳延びた〉を援用したものです。同記事を担当してくださった『週刊新潮』編集部の若杉良作さんにも、この場を借りてお礼を申し上げます。若杉さんに「住宅と健康」というテーマを提案した時、「具体的な村落研究を」というアドバイスを受け、第1章の梼原町への取材が実現しました。

本書担当編集者の樋口健さんとは、奇跡とも思える巡り会いでした。昨年の自分の誕生日（11月）の前日のこと、次の一年に向けて何か新しい取り組みをしたいと光文社新書編集部に電話をかけました。その電話を最初にとって、私の話を聞いてくださったのが樋口さんでした。あの日の電話からこの一冊の本ができあがる過程を考えると、人生にそう何度もない、偶然が重なった貴重な仕事だったと思います。

＊

住居と健康――。最も身近で、どこまでも広くて深いテーマを4年間取材し、改めて振り返ると、梼原町のみなさんの笑顔が私の頭に思い浮かびます。家のグレードはさまざまでしたが、みなさんいつも笑顔！　それは家と、そこに住むご自身を大切になさっているからだと感じました。

私はこの本の最後に、読者のみなさんに伝えたいことが一つあります。

実は、「建築学」を追究すると〝完璧な環境〟にこだわりすぎてしまう可能性があります。梼原町を何年も見守ってきた星旦二医師は、私にこう言いました。

「住宅をしっかり断熱改修するには、ある程度の費用が必要になります。暖かい家が健康にいいことを知っても、経済的に断熱改修が十分にできず、病気になってしまう人は〝自己責任〟なのでしょうか。イギリスでは暖かい家に住むことを〝人権〟として捉えています。その視点をジャーナリストとして忘れないでほしい」

改めて申し上げたいのは、あなたが今、どんな家に住んでいたとしても、その環境は決してダメではないということです。人それぞれ、置かれている状況は違います。一人暮らしなのか家族と同居しているのか、体力の有無、在宅時間の長さ、年齢、そしてお財布の状況……。あなたはこれまでの人生で、その場その場でさまざまな決断をして現在の暮らしにたどり着いたことでしょう。その暮らしは、あなたにとってはベストな選択であるはず。

本書で得られたであろう（そう願っています）新しい知識も、これまでの暮らしを否定するものではありません。

新しい知識を活用して、できることから、また自分のためにやってみたいと思えることから少しずつ暮らしに取り入れてみてください。

実は私の暮らしも、この4年間で少しずつ変化していきました。

自宅の石油ストーブをやめて、夏も冬もエアコンをしっかり活用し、窓の断熱対策も施しました。カーテンの色にこだわったり、置き畳を取り入れたり、照明などにも気を配るようになったんです。そうやって自宅に手を入れるほど、心身に快適な環境になるのはもちろん、自分だけの「大切な空間」になっていきました。
読者のみなさんにもぜひその感覚を味わってほしいです。
早速今日から、自宅に「室温計」を置くところからスタートしませんか。

外は30度超の残暑厳しい２０２０年9月
室温27度・湿度56％の自宅にて

笹井恵里子

本書の取材にご協力いただいた皆様（順不同・敬称略）

村上周三　東京大学名誉教授・ＩＢＥＣ（建築環境・省エネルギー機構）理事長
伊香賀俊治　慶應義塾大学理工学部教授
加藤信介　東京大学名誉教授・ペアベール　建築環境研究所
星旦二　東京都立大学名誉教授
田辺新一　早稲田大学創造理工学部教授
岩前篤　近畿大学建築学部教授
森田洋　北九州市立大学国際環境工学部教授
都築和代　豊橋技術科学大学建築・都市システム学系教授
大林賢史　奈良県立医科大学准教授
宜保美紀　椿原病院医師
内田泰史　内田脳神経外科理事長
大谷義夫　池袋大谷クリニック院長
三宅康史　帝京大学病院高度救命救急センター長

宮崎泰成　東京医科歯科大学教授
三島和夫　秋田大学大学院医学研究科教授
井上芳光　大阪国際大学スポーツ行動学科教授
坪田一男　慶應義塾大学医学部教授
中村孝博　明治大学農学部准教授
山田朱織　16号整形外科院長
今泉太爾　日本エネルギーパス協会代表理事
堺浩之　さかい医院院長
南涼子　日本ユニバーサルカラー協会代表理事
望月理恵子　健康検定協会理事長
加藤真哉　一級建築士・奥山建設
清水雅彦　一級建築士・ロングライフ・ラボ代表理事
吉田尚人　梼原町町長ほか梼原町のみなさん
古志智宏　備後屋代表

笹井恵里子（ささいえりこ）

ジャーナリスト。1978年生まれ。「サンデー毎日」編集部記者を経て、2018年よりフリーランスとして活動。医療や健康を中心テーマに精力的な取材を続け、週刊誌、月刊誌で多くの記事を執筆している。著書に、『週刊文春　温かい家は寿命を延ばす』『週刊文春　老けない最強食』(ともに文藝春秋)、『救急車が来なくなる日　医療崩壊と再生への道』(NHK出版新書)などがある。

オフィシャルブログ
https://ameblo.jp/sasaieriko/

室温《しつおん》を2度《ど》上《あ》げると健康寿命《けんこうじゅみょう》は4歳《さい》のびる

2020年10月30日初版1刷発行

著　者 —— 笹井恵里子
発行者 —— 田邉浩司
装　幀 —— アラン・チャン
印刷所 —— 近代美術
製本所 —— ナショナル製本
発行所 —— 株式会社光文社
東京都文京区音羽1-16-6(〒112-8011)
https://www.kobunsha.com/
電　話 —— 編集部03(5395)8289　書籍販売部03(5395)8116
業務部03(5395)8125
メール —— sinsyo@kobunsha.com

落丁本・乱丁本は業務部へご連絡くだされば、お取替えいたします。

ISBN 978-4-334-04502-9

1072

沖縄から貧困がなくならない本当の理由

樋口耕太郎

「沖縄問題」を突き詰めることは、日本の問題を突き詰めることであり、それは、私たち自身の問題を突き詰めることだ――。「コロナ後の世界」のありかたをも問う、鮮烈の問題作。

978-4-334-04479-4

1073

AV女優の家族

寺井広樹

親にはデビュー前に話したのか、兄妹には何を伝えたのか、そして子供には自分の仕事を明かすのか？　女優たちが赤裸々に語る「家族」の話から、新しい時代が見えてくる。

978-4-334-04480-0

1074

AIとカラー化した写真でよみがえる戦前・戦争

庭田杏珠
渡邉英徳

戦前から戦後の貴重な白黒写真約350枚を最新のAI技術と、当時者への取材や資料をもとに人の手で彩色。カラー化により当時の暮らしがふたたび息づく。

978-4-334-04481-7

1075

文学こそ最高の教養である

駒井稔＋
「光文社古典新訳文庫」
編集部　編著

社会を、人間を、広く深く知るのに最も役立つのが文学だ――。紀伊國屋書店新宿本店の人気イベントが書籍化。名翻訳者14人が初歩的な所から語りでナビゲートする古典文学入門編。

978-4-334-04482-4

1076

天文学者が解説する宮沢賢治『銀河鉄道の夜』と宇宙の旅

谷口義明

賢治には未来が見えていた――。このユニークな童話はどのように構想され、賢治は宇宙に何を見ていたのか。これまでにないアプローチで作品の魅力に迫る。【渡部潤一氏推薦！】

978-4-334-04483-1

1077
南極で心臓の音は聞こえるか
生還の保証なし、南極観測隊
山田恭平

「南極大陸の奥に進むと、静かすぎて己の心臓の音が聞こえるという」——そんな伝説めいた話から南極を目指した著者による、1年4カ月の滞在記。南極観測隊のリアルが分かる一冊。

978-4-334-04484-8

1078
子規を「ギャ句」る
名句をひねると「ギャ句」になりました
夏井いつき

名句をひねって味わう遊びへの誘い。俳句の辛口先生が正岡子規をギャ句った作品を募集し採点。原句があるから誰でも始められ知識と技を同時習得。最小変化で最大効果を狙え！

978-4-334-04485-5

1079
小池百合子　権力に憑かれた女
ドキュメント東京都知事の１４００日
和田泰明

【緊急出版！】メディアの特性を熟知した政治家・小池百合子。築地市場移転、東京五輪、新型コロナ対策など、4年間の彼女の実績を、「週刊文春」記者が徹底取材で明らかにする。

978-4-334-04486-2

1080
クワバカ
クワガタを愛し過ぎちゃった男たち
中村計

「クワバカ」とは、クワガタを愛し過ぎて、人生を賭してしまった男のこと。そんな男たちの人生を生き生きと描く傑作〝昆虫〟ノンフィクション、ついに刊行。クワガタ沼へようこそ！

978-4-334-04487-9

1081
新型コロナから見えた日本の弱点
国防としての感染症
村中璃子

世界の多くの国で、新興・再興感染症は国防の要である。WHOでの勤務経験を持つ医師・ジャーナリストが、新型ウイルスとの闘いを外交・国防、ビジネスの観点から捉え直し伝える。

978-4-334-04489-3

光文社新書

1082

「文」とは何か
愉しい日本語文法のはなし

橋本陽介

なぜ文法の授業はつまらないのか？　本書は「文」とは何かというそもそもの話から論を起こす。誰もが退屈さを覚えた「文法」について、若き研究者がイメージを一新する。

978-4-334-04488-6

1083

面白いことは上司に黙ってやれ
日本発の新ビジネスを生み出すには？

春日知昭

日本で創造的なビジネスがうまくいかない理由とは？　ソニーでＡＩＢＯの開発などに携わったロボット開発者が、日本が世界で再び存在感を示すための考え方を記す。【松尾豊氏推薦！】

978-4-334-04490-9

1084

おとなの発達障害
診断・治療・支援の最前線

岩波明監修　小野和哉
林寧哲　柏淳ほか

ＡＤＨＤ、ＡＳＤ、ＡＤＨＤとＡＳＤの併存、発達障害と愛着障害との関連、二次障害、就職・仕事——臨床医・支援者が、最新の知見に基づき、皆さんの困りごとに答えます。

978-4-334-04491-6

1085

人生は凸凹《でこぼこ》だからおもしろい
逆境を乗り越えるための「禅」の作法

枡野俊明

人生には成功もあれば失敗もある。「凸（順境）凹（逆境）」が繰り返されることを受け止めよう。ベストセラー『心配事の9割は起こらない』の著者による、元気が出る人生論。

978-4-334-04492-3

1086

伝え方は「順番」がすべて
分単位のコミュニケーションが心を動かす

小沼竜太

圧倒的人気を誇るスマホ向けＲＰＧ「Fate/Grand Order」（通称ＦＧＯ）ほか、数々の人気ゲームのプロモーションに携わる〝ゲームの宣伝屋〟が初めて明かす「伝え方」の極意。

978-4-334-04493-0

1087
恋愛学で読みとく　文豪の恋
森川友義

名だたる文豪たちが小説に描いた恋ははたして妥当なものなのか。恋愛学を提唱する著者が科学的に分析し、考察する。従来の文学研究にとらわれない、知的なエンターテインメント！

978-4-334-04494-7

1088
正義を振りかざす「極端な人」の正体
山口真一

SNSでの誹謗中傷、自粛警察、不謹慎狩り、悪質クレーマー――奴らは何者か？「炎上はマスメディアが生み出す」「SNSは世論を反映しない」等、データ分析から分かった真実。

978-4-334-04495-4

1089
太田和彦のふらり旅　新・居酒屋百選
名酒放浪編

太田和彦

BS11の人気番組が1冊に！　北は札幌から南は五島まで日本全国19の街の65軒を紹介。本書片手に旅するも良し、読んで思いを馳せるのもまた良し。写真満載のオールカラー版。

978-4-334-04496-1

1090
宇宙に行くことは地球を知ること
「宇宙新時代」を生きる

野口聡一　矢野顕子
取材・文　林公代

誰もが宇宙に行ける日が近づいている――。民間による「宇宙旅行時代の幕開け」という歴史的転換点を迎えた今、宇宙飛行士とミュージシャンが宇宙体験からスペースXまでを語る。

978-4-334-04497-8

1091
夢中力
堀江貴文　野村克也

一つのことにハマり、全身全霊を捧げる。異分野の二人の共通項だ。「好きなことをやる」が成功の条件であることを彼らの生き様が証明する。突き抜けた思考に触れる読書体験。

978-4-334-04498-5

光文社新書

1092

丁寧に考える新型コロナ

岩田健太郎

長期戦が予想される新型コロナ対応。あらゆる項目について「分かったつもり」でなく「本当に分かる」までじっくり解説する。巻末特別対談「西浦博先生に丁寧に聞く」も収録！

978-4-334-04499-2

1093

失敗しない　定年延長
「残念なシニア」をつくらないために

石黒太郎

日本企業に跋扈する「残念なシニア」を放置すると、日本経済が崩壊に向かう——!?　気鋭の人事コンサルタントが、会社もシニア自身も活性化させる「正しい定年延長」を提言する。

978-4-334-04500-5

1094

新型コロナはアートをどう変えるか

宮津大輔

世界のアート市場は、新型コロナウイルスの蔓延によってその姿を一変させた。アートはこれからどう変化するのか——。歴史・社会・経済を通して、アート市場の未来を大胆に予測。

978-4-334-04501-2

1095

室温を2度上げると健康寿命は4歳のびる

笹井恵里子

寒い家に住んでいると早死にする!?　最新の研究結果を元に頻尿、不眠、寝つきの悪さ、高血圧、アレルギーなどを「住環境」で改善させるアイデアを提案する日本人必読の一冊。

978-4-334-04502-9

1096

税金下げろ、規制をなくせ
日本経済復活の処方箋

渡瀬裕哉

日本が不況から脱出できないのは「税金と規制」の問題だ。この国では「増税はやむなし」なのか？　日本が打つべき手とは？　俊英の政治アナリストが、私たちに刷り込まれた洗脳を解く！

978-4-334-04503-6